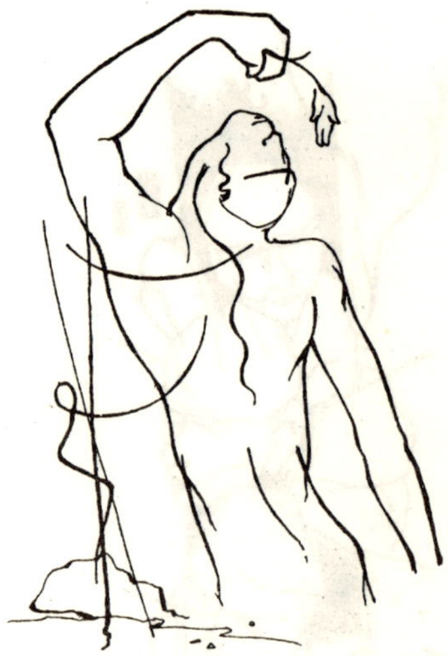

अपना मोर्चा

काशीनाथ सिंह

राजकमल प्रकाशन

ISBN : 978-81-267-1366-0

मूल्य : ₹295

पहला संस्करण : 1974
पहला राजकमल संस्करण : 1985
पाँचवाँ संस्करण : 2017

प्रकाशक : राजकमल प्रकाशन प्रा. लि.
1-बी, नेताजी सुभाष मार्ग, दरियागंज
नई दिल्ली-110 002

शाखाएँ : अशोक राजपथ, साइंस कॉलेज के सामने, पटना-800 006
पहली मंजिल, दरबारी बिल्डिंग, महात्मा गांधी मार्ग, इलाहाबाद-211 .001
36 ए, शेक्सपियर सरणी, कोलकाता-700 017

वेबसाइट : www.rajkamalprakashan.com
ई-मेल : info@rajkamalprakashan.com

आवरण : हिम्मत सिंह

मुद्रक : बी.के. ऑफसेट
नवीन शाहदरा, दिल्ली-110 032

APNA MORCHA
Novel by Kashinath Singh

विजय

और

विजय की पीढ़ी के लिए

पहले संस्करण
का

हाशिया

अपना मोर्चा युवा कथाकार काशीनाथ सिंह का युवा-आन्दोलन पर पहला और प्रामाणिक उपन्यास है। हिन्दी के आलोचक और पाठक जिसे 'नया उपन्यास' कहना चाहते हैं—**अपना मोर्चा** शायद उनकी चाह को आकार के रूप में मिले।

आजादी के आस-पास पैदा होनेवाली वह पीढ़ी—जो आज युवा कहलाती है—कॉलेजों और विश्वविद्यालयों में पढ़ती हुई किस प्रकार अपने असन्तोष, आक्रोश, दुख-दर्द और अकेलेपन के साथ मौजूदा व्यवस्था के खिलाफ लड़ रही है, यह उपन्यास की थीम है।

सुविधा ही नहीं, सार्थकता के लिए भी 1967 ई. में सम्पूर्ण उत्तर भारत में होनेवाले भाषा-आन्दोलन को—जिसका नेतृत्व पूर्वी उत्तर प्रदेश के छात्र नेताओं ने किया था—**अपना मोर्चा** की जमीन के रूप में लिया गया है। लेखक की धारणा है कि यह पहला वक्त था जब छात्र-शक्ति एक महत्त्वपूर्ण मसले पर संगठित होकर उतर सकी थी।

अपना मोर्चा के कथाकार के लिए छात्र और उनके आन्दोलन तमाशा नहीं, उसके जीवन के अनिवार्य अंग रहे हैं, इसलिए उसने कितने लगाव, आत्मीयता, ममता, ईमानदारी और बेरहमी के साथ उनके विषय में लिखा है—यह देखने की चीज है।

यह संशोधित संस्करण

पाठकों ने जिस उत्साह के साथ *अपना मोर्चा* का स्वागत किया था, वह मेरे लिए खुशी और सन्तोष की बात थी।

दरअसल, यह उपन्यास एक बड़ी योजना का पहला और भूमिका भाग था। असल उपन्यास आज भी अपनी जगह पड़ा है। उस समय मैंने सोचा था कि भले देर हो लेकिन पूरा उपन्यास एक साथ छपे। मेरी बेसब्री ही कहिए कि एक नाम के साथ पहला भाग प्रकाश में आ गया। अगर तब मैंने ऐसी कोई घोषणा नहीं की तो सिर्फ इसलिए कि बाकी हिस्से की प्रतीक्षा में *अपना मोर्चा* के साथ ज्यादती न हो।

इस उपन्यास में आनेवाले 'जवान' और 'ज्वान' शब्द को लेकर कुछ लोगों ने उलझन महसूस की थी। शायद मैं ही स्पष्ट नहीं कर सका था। 'ज्वान' एक व्यक्ति है—जवान या जवानों से अलग और विरुद्ध। यह एक नौजवान का नाम है—ज्वान इसलिए कहा गया है कि वह बच्चे, बूढ़े, नौजवान—सबको ज्वान कहकर सम्बोधित करता था—जोश और ताव में। अन्ततः सबने उसका नाम ही 'ज्वान' रख दिया था। यह पूर्वांचल का शब्द है और मैं भूल गया था कि इसे पढ़नेवाले सिर्फ इधर के न होंगे।

तो, *अपना मोर्चा* का यह संशोधित संस्करण आपके हाथ में है। मुझे क्या लगता है, क्या नहीं—लेकिन अपने आप में मुकम्मल *अपना मोर्चा* को न तो मेरे इस 'लगने' की परवाह ही रह गई है और न जरूरत।

अपना मोर्चा

कला-संकाय की तीसरी मंजिल पर एक कँगूरे के पास खड़ा हूँ और चारों ओर देख रहा हूँ–

ऊँची-ऊँची इमारतें, लम्बे-लम्बे पेड़, हरी-हरी घासें, लाल-पीले फूल–चारों तरफ एक हरा-भरा नक्शा और इसमें पी.ए.सी. की खड़ी और घरघराती और चक्कर लगाती लारियाँ; जवान कवायद कर रहे हैं, खेल रहे हैं, लारियों में मटरगश्ती कर रहे हैं। मैदान में अनगिनत खम्भे और छोलदारियाँ हैं और बीच में दो हंडे चढ़े हैं। आँच मद्धिम है, उसमें लकड़ियाँ डाली जा रही हैं। एक में चावल पक रहा है–शायद दूसरे में दाल।

नक्शा खौल रहा है।

संकाय के मैदान में सैकड़ों चाभियों का गुच्छा लिये नाटा और मोटा ठाकुर खड़ा है। इतने लम्बे-चौड़े मैदान में एक अकेला आदमी–जिसकी उम्र इस कॉलेज की उम्र से दस साल अधिक है और जिसकी आँखों के आगे इस इमारत

के लिए ईंट रखी गई थी। वह अपने अन्धे चश्मे के भीतर से सारे कमरों पर निगाह दौड़ाता है—सब ठीक है। किसी को नहीं खोलना है। आखिर किसके लिए खोलना है ? अचानक वह झुकता है और अपने पैर के पास से पत्थर का एक बड़ा टुकड़ा उठाता है और किसी दरवाजे पर मारता है—शायद कोई कमरा किवाड़ों की फाँक से झाँक रहा है और अपने खुले होने का चकमा दे रहा है :

ठाकुर मैदान के बीचोबीच एक जगह तलाशता है, बैठ जाता है—घुटनों के बल, फिर सुर्ती ठोंकता है। धीरे-धीरे वह खड़ा होता है और अपनी बूढ़ी टाँगों पर दुलकी चाल से मैदान के गिर्द दौड़ने लगता है। कई चक्कर मारने के बाद वह हाँफते-हाँफते लुढ़क जाता है और रोने लगता है। नहीं, वह गाता है और रोता है—यह जन्म अकारथ ही चला गया। मैंने अपने बैरी के सिर पर तलवार नहीं तोड़ी, किसी तेज घोड़े की सवारी नहीं की, किसी गोरी के गले नहीं लगा...यह जनम ?

वह लस्त होकर पीठ के बल लेट जाता है, चश्मा उतारकर नीचे रख देता है और आँखों को अपनी बाँह से ढँक लेता है।

मैं खड़ा हूँ और देख रहा हूँ—

हॉल ठसाठस भरा है। प्राध्यापकों की सभा हो रही है। अपने विषय के पारंगत और दुनिया देखे प्रोफेसरों की सभा। बाहर कारों और स्कूटरों का जलसा है। अन्दर सूट और टाइयों की महफिल है। लोग उठ रहे हैं, बैठ रहे हैं, झुक रहे हैं, कान में बात कर रहे हैं, मुस्कुरा रहे हैं और फिर अपनी जगह। एक खुशबू और लगातार ठहाके। सैकड़ों लड़के जेल में हैं, सैकड़ों अस्पताल में, रहे-सहे स्टेशन पर और यहाँ ठहाके। सुनगुन है कि अगर डॉ. ठाकुर पक्ष में बोलेंगे तो प्रोफेसर पंडित विरोध करेंगे। डॉ. वर्मा पहले से ही एक जोशीला भाषण तैयार कर लाए हैं, चाहे वह पक्ष

में जाए या विपक्ष में। और चूँकि...विभाग में अध्यक्ष और...विभाग में रीडर का चुनांव होनेवाला है इसलिए डॉ. राय और गर्ग हर हालत में समय लेकर बोलेंगे। उनके सामने समस्या केवल यह है कि वे किस भाषा में बोलें—अंग्रेजी में या हिन्दी में ? वे भाषा पर बंगाली कुलपति का रुख जानने के लिए बेचैन हैं।

मेरे अगल-बगल और आगे-पीछे बातें हो रही हैं...'साकेत कॉलोनी' में कितने प्लॉट बिकाऊ हैं ? उनकी दर क्या है ?...इस सूट का कपड़ा कहाँ लिया था ? पुलोवर बनवाया है या खरीदा है ?...जल्दी से क्या मिलेगा ? स्कूटर या मोटर बाइक ? ऐसे 'वेस्पा' के बारे में क्या ख्याल है ? एक 'फिएट' का आर्डर दिया था लेकिन अब लोग कह रहे हैं कि 'अम्बेसडर' आरामदेह होगी...एक बार ईरान गया था तो जमीन खरीदी, अबकी कनाडा या अमरीका का जुगाड़ बैठ जाए तो मकान भी बन जाए।...बड़ीवाली बच्ची की शादी करनी है, कोई लड़का दिखे तो बताइएगा।...भई, लॉटरी के पचासों टिकट खरीदे, मगर सब बेकार। लगता है, जिन्दगी-भर मुदर्रिसी ही करनी है।...बाहर तो खटर-पटर हो रही है, देखो चाय ही मिलती है या और कुछ?...अरे वाह ! सचमुच में बधाई के पात्र तो लड़के हैं जिन्होंने आपके दर्शन का हमें मौका दिया...

मुझे उबकाई आने लगती है। मैं बाहर निकल आता हूँ—एक अजीब तरह की बेचैनी, छटपटाहट मुझे ऊभ-चूभ करने लगती है। मन करता है, फिर वापस लौट जाऊँ, घुटनों के बल गिर पड़ूँ, और क्रोध और दया से भरकर गिड़गिड़ाकर कहूँ कि यह तुम कैसी बातें कर रहे हो किताब के कीड़ो। आखिर आँखें खोलकर देखो तो सही; देखने की कोशिश तो करो कि यहाँ, कैम्पस में, शहर में, देश में क्या हो रहा है !

लेकिन मैं कुछ नहीं कहता, कुछ नहीं करता—सिर्फ बैठा

रहता हूँ।

मुझे ज्वान याद आते हैं। उन्होंने एक बार मुझसे कहा था कि डॉक्टर ! माना कि तुम भी आदमी हो और मैं भी आदमी हूँ। तुम इस समय सात सौ रुपयों के आदमी हो। अगर तुम्हारी डिग्रियों या सात सौ रुपयों से निकालकर तुम्हें बाहर कर दिया जाए तो कौन बीस पड़ेगा ? कौन तगड़ा पड़ेगा ? तुम तो दो कौड़ी के हो जाओगे और मैं ? फिर देखो कि मैं अपने तीस रुपए माहवार से अलग होकर क्या कर गुजरता हूँ ?

मैंने ज्वान को अपने ढंग से जवाब दिया था। मैं किसान का लड़का हूँ और मेहनत की जमीन पर मुझे कोई चुनौती नहीं दे सकता।

लेकिन अपने को साफ करते हुए ज्वान ने कहा था, 'भई देखो, पेशा एक साँचा होता है और मैंने तो इस पेशे या तुम्हारे विश्वविद्यालय में ज्यादातर लूले-लँगड़े, ऐंचा-ताने, टेढ़े-बाँकुच चश्मदीद गवाहों जैसे ही लोग देखे हैं जिन्हें देखकर लिहो-लिहो करने की तबीयत होती है। सोचो, अगर वे अध्यापक न होते तो क्या होते ?'

मैं सोचता हूँ और सोच रहा हूँ।

अचानक फिर एक साथ बेहिसाब हॉर्न बजते हैं और पेड़ों, सड़कों, खेतों और घासों के बीच बैठी चिड़ियाँ फड़फड़ाना शुरू करती हैं।

दृश्य बदलता है।

विश्वविद्यालय खुलता है और ज्वान कहते हैं कि "हे बाप जान ! अगर तुम्हारा लड़का आवारा है, लफंगा है, कामचोर है, पूरे गाँव-घर का सिरदर्द है; सब मिलाकर जहन्नुम है और तुम उससे आजिज आ गए हो तो एक काम करो—उसे इसमें दाखिल कर दो।"

"हे भैया, अगर तुम गरीब हो, दाने-दाने को मुहताज हो और अपने आँगन में पैसे का पेड़ लगाना चाहते हो तो

अपने भाई को इधर भेजो।"

"हे बबुआ, अगर तुम निरे आदमी हो, बेईमानी, घूसखोरी, धूर्तता, रौब, फैशन, चार-सौ-बीसी और चूतिया बनाने के हथकंडों को नहीं जानते तो इस आलीशान कारखाने में आओ और अपनी किस्मत आजमाओ।"

बबुआ आते हैं; कैम्पस की धरती बदल जाती है, आसमान बदल जाता है, बारिश होने लगती है। बारिश हो रही है और बबुआ भींग रहे हैं—सिर पर भूसा के तिनके, चेहरे पर दाँत चियारे परती खेत, मुट्ठों में धौंरा और सोंकना के खुर, झोले में उधार के आटे की पूड़ियाँ—भींग रहे हैं। पन्द्रह दिन की दौड़-धूप के बाद फार्म जमा होता है, महीने-भर बाद फीस जमा होती है, तीन महीने के चक्कर के बाद पढ़ाई के कमरे का पता चलता है लेकिन बबुआ पर एक नई दुनिया की बारिश हो रही है। उनकी सूरत घर के ठंडे तवे की तरह स्याह है; मगर यहाँ—यह कौन-सा हिन्दुस्तान है ? ये खुशियाँ, ये हँसियाँ, ये चह-चह, ये मह-मह और य' हरियाली और य' रंग—आखिर वे कहाँ हैं ? कहीं यह विदेश तो नहीं है ?

ज्यान उनकी मदद करते हैं। वे बताते हैं कि इन्हें ठीक से पहचानो ! ये मक्खन चेहरे, बनिए की तोंद जैसे गाल, ठुड्ढी तक लम्बे और चौड़े खत, मोरपंखी मूँछें—रूप की यह सारी पूँजी जुलूस में कमर मटकाने और अपने जैसी लड़कियाँ फँसाने के काम आती है। इन्हें देखो और सोचो कि इन चेहरों का क्या होगा जिन पर पसीने सिर्फ सपनों में आते हैं, उन हाथों का क्या करोगे जो सिर्फ साबुन पर चलते हैं, उन तलवों का क्या करोगे जो तुम्हारे तालू से भी चिकने और चमचम हैं। न हो, इस गँवार को तुम्हीं समझाओ कि जो बदन आठ × पाँच इंच के पन्ने पर ही आह-ऊह करने लगता है, वह एक 'धूर' माटी के किस काम आएगा ?

इसके बावजूद ज्वान कहते हैं कि हे बबुआ, ये खूबसूरत हैं, सलोने हैं, गठे हैं, साफ-सुथरे हैं, मुस्कुराते हैं; ये भी अपने ही भाई हैं, खास अपने ! आओ, इन्हें प्यार करो।

लेकिन रुको, यह क्या ? तुम्हारी आँखों में यह हविश कैसी ? इन कपड़ों जैसी लक-दक क्यों ? सपने की खुमारी क्यों ? क्या तुम भी तो वही नहीं होना चाहते, जो ये हैं ? न, भगवान के लिए ऐसा न करना, वरना तुम मुझसे हाथ धो लोगे। उन तवे और थालियों से, अपने माँ-बाप से, उन खेतों से जो तुम्हारे खाली पेट हैं, उस देहरी से जो तुम्हारे घुटने हैं। हाँ, यह ठीक है कि यह सब अच्छा है, लेकिन तुम गरीब हो ! हम गरीब हैं। तुम प्यार तो करो लेकिन अपना हाथ अपनी ही जेब में रखो। यह याद रहे कि तुम वह कारतूस नहीं हो जो एक बार चल जाने के बाद खाली खोल-सा रह जाए ! भाई, लम्बा रास्ता है और बहुत बार चलना है... ।

मैं देख रहा हूँ कि ज्वान की आँखें अब दूसरी तरफ घूम गई हैं। वे इस तरह ताकते हैं, जैसे सामने कलेजे का टुकड़ा हो ! उनकी आँखें छलछला आई हैं। वे इतने खुश हैं कि वाह ! हँस पड़ते हैं। जैसे किसी चौड़े पाटवाली नदी के बीच में रेत पड़ गई हो। एक अजीब-सी खुशी, लगाव, प्यार, हमदर्दी, पुचकार—और पूरा शरीर थरथरा उठता है, जैसे किसी ने तेज बैल के पुट्ठे पर हाथ रख दिया हो !...फिर अचानक उनका चेहरा पत्थर हो जाता है।

"और हे बबुई !" वे ऊपर से नीचे तक देखते हैं, "इन काजल-कटार नैनों और टिकोरीमार बैनोंवाली आप ! आखिर आप क्या चाहती हैं ? पढ़ना ? फिर घंटे-भर से घास पर तिनके क्यों चुग रही हैं ? और अव्वल तो यह पढ़ाई किसलिए ? सिर्फ एक घर और वर के लिए ? केवल यह जान लेने में कि 'पन्त छायावादी कवि हैं या मसालादोसा कैसे बनता है ?' या 'अर्थशास्त्र भौतिक सुख का विज्ञान

है'—आप में क्या फर्क आ जाता है ? आप कहाँ से बदल जाती हैं ? न, इसमें नाराज न हो। बस, समझो कि एक बाप तुम्हारे ऊपर खर्च हुए पैसे का वाजिब हिसाब माँगता है।"

अच्छा, तो आप गुनगुनाती भी हैं—

दिन हो या रैना
तनिक नाहीं चैना
किसी से ना कैना...

अरे वाह ! आप तो खूब गाती हैं ! खाती क्या हैं ? अंगूर और सन्तरे का रस पीती हैं ? भई, अंगूर तो बड़ा महँगा बिकता होगा ! पाँच साल पहले जब माँ बीमार थी, तब खरीदा था। खैर, छोड़िए ! इस साड़ी के ही बारे में बताइए और सुबहवाली कमीज और वह कुर्ता और ये बाल काफी लम्बे हैं; लगता है, आप ही के हैं ! ओह, कितने मालदार बाप की लड़की हैं आप ! क्या ? डैडी क्लर्क हैं ? तो बताने में शरमा क्यों रही हैं ? ऐसे 'फटीचर' और 'चूतिए' डैडी की लड़की होने में...

लेकिन अभी फैशन की होड़ में आप बहुत पीछे हैं ! चूतड़-उभार साड़ियाँ, चोंचमार ब्लाउज़, लुंगियाँ—सब पहनिए। सुनसान सड़क पर भी चलिए तो सैकड़ों आँखों का दबाव झेलिए मगर बताइए तो सही कि आप किधर जा रही हैं ? क्षितिज के पार तो बहुत जा चुकीं आप, अब किधर चलीं ? बबुई ! सच कहूँ कि मैं आपको बहुत-बहुत प्यार करता हूँ लेकिन इस तरह सजी-सँवरी फूल के गजरे की तरह लहराते कहीं देखता हूँ तो शर्म से गड़ जाता हूँ। कभी तो ऐसा होता कि आप सड़क पर निकलतीं और मारे डर के मकानों की खिड़कियाँ और दरवाजे बन्द हो जाते, रास्ते वीरान पड़ जाते और उन्हें लगता कि यह लड़की नहीं, चमकती हुई कटार आ रही है। उन्हें अपनी गरीबी, बेबसी, लाचारी, बीमारी का कारण समझ में आ जाता; उनकी आँखों के आगे हमेशा

से बन्द एक सचाई खुल जाती और मैं बड़े ताव से कहता कि हाँ, यह है हमारी बच्ची...देखो और शर्म करो !

फिर भी ज्वान कहते हैं कि हे बबुआ ! ये चहकती, मचलती, सुबकती, ऊँची एड़ियोंवाली जूतियों के कारण भचकती, नम आँखों और मखमली पुट्ठोंवाली अपनी ही बेटियाँ हैं, अपनी ही बहनें हैं; आइए ! मगर हाय, इन्हें क्या करें ?

मैं देखता हूँ कि ज्वान लंका की एक सिगरेट की दुकान पर खड़े हैं और बीड़ी पी रहे हैं। सड़क पर लोहा-लक्कड़ों से लदी एक बैलगाड़ी खड़ी है। ज्वान के सामने कुर्ता-जाकिट पहने एक युवा खड़ा है। वह काफी उत्साहित और खुश है। ज्वान दुलार से उसके रुखे बालों पर हाथ फेरते हैं जैसे सवार होने से पहले कोई घोड़े के अयालों में उँगलियाँ चलाए—भई खूब! क्या बढ़िया बोलते हो ! तबीयत हरी हो उठती है। ऐं, बोलते क्या हो, आग उगलते हो...यह है कि भाषा में गलतियाँ होती रहती हैं, सो होने दो !

युवक गर्व से भर जाता है। उसकी आँखें चमक उठती हैं। वह अपनी झेंप मिटाने के लिए सिगरेट की राख झाड़ता है।

मगर एक बात है मित्र, तुम लंका पर ही अपना अड्डा जमाए रहते हो, यह तो बुरी बात है। तुम्हें अपनी समझ को फैलाना चाहिए, है कि नहीं ? और सुनो, मैंने तुम्हें लड़कों के बीच तो देखा ही है, शहर के सबसे बड़े होटल में भी देखा है, शहर के सबसे महँगे कपड़ों में भी देखा है, यहाँ की सबसे खूबसूरत लड़की के साथ सिनेमाहॉल में भी देखा है, एक ही दिन शहर के दस चौराहों और दस रेस्तराओं में भी देखा है—भैया, मैं तो पागल हो जाऊँ। मैं बार-बार अपने को समझाना चाहता हूँ लेकिन समझा नहीं पाता। जितना सोचता हूँ, उतना ही उलझता जाता हूँ। अब तो तुम्हीं बताओ कि तुम क्या हो ? तुम्हारी सही शक्ल

कौन-सी है ?

ज्वान मुस्कुराते हैं—भैया, तुम यह न समझो कि हम अपनी आँखें बन्द करके सिर्फ भूसा या लकड़ी ढोते हैं। हमारी नजर तुम पर—तुम्हारी हर हरकत पर होती है। क्यों ? क्योंकि तुम मानो या न मानो—एक पड़ोसी के नाते तुम्हारी अक्सरहाँ दिख जानेवाली नालायकीयत और बदनीयती के बावजूद हम तुम्हें प्यार करते हैं।

ज्वान धीरे-धीरे मेरी आँखों से ओझल हो जाते हैं—अपनी पूरी हमदर्दी और तकलीफ के साथ और अब मेरे आगे शहर नाचता है—यानी खानचन्द का शहर। खानचन्द लड़के-लड़कियों की ओर इशारा करता है और अपने खजांची और नौकर को समझाता है,"इनके मुँह न लगो, इनसे दिल्लगी न करो, इन्हें सहो ! झेलो ! क्योंकि ये हमारे रोजगार हैं, उसकी आमद हैं। इन्हीं के चलते शहर आबाद है, सड़कें रौशन हैं, जिन्दगी में खुशियाँ हैं, मजे ही मजे हैं। जरा सोचो तो सही, ये न होंगे तो हमारी 'नेस्कफे' और 'ब्रुकबांड' का क्या होगा ? 'पांड्स', 'सिलविक्रीन', 'नीविया', 'बिनाका' कहाँ जाएँगे ? 'धारीवाल', 'लाल इमली' और 'माडेला' के ऊनी मालों को कौन पूछेगा ? 'टेरीलिन' और 'टेरिकाट' की मिलें क्या होंगी ? 'गागल्स', 'रेडियो', 'जूते', 'ट्रांजिस्टर', 'कैमरे', 'घड़ियाँ', 'सर्फ', 'लक्स'—गरज कि पूरे देश का क्या होगा ? वह देश जो हमारा है, तुम्हारा है। जब तक विद्या की यह राजधानी है न, तभी तक हमारी गंगा में...समझा ? इसलिए बोलो मत, ओठों को सिले रहो। अगर मुँह गालियाँ उगलता हो और जेबें पैसा, तो सौदा घाटे का नहीं है।

"हे बाबू, गालियाँ ही दोगे न !
मगर सौदा भी लोगे न !"

खानचन्द समझाता है कि तुम सड़क पर मत देखो ! वह तुम्हारी जगह नहीं है। वह लड़की, जिसके साथ छेड़छाड़

हो रही है—तुम्हारी बहन नहीं है। बीवी नहीं है। और फिर ये हरकतें क्यों हो रही हैं ? क्यों ? मिस्टर, यह न भूलो कि ओठों की लिपस्टिक, गालों का रूज, माथे की बिन्दी, रबर की चोलियाँ, नायलन के बाल—ये हमारे सामान हैं, हमारी साजिशें हैं, हमारे दिए गए फैशन हैं। और अगर ये नौजवान दिलों में उफान पैदा करते हैं तो यह हमारे लिए, हमारी दुकान के लिए खुशी की बात है। उनके गुस्से को वहीं अँटके रहने दो। अगर वे ब्लाउज और चोलियाँ फाड़ते हैं तो तुम्हारी क्यों फट रही है ? याद रखो कि लड़का हो या लड़की—दोनों ही तुम्हारी 'कैश-बुक' के पन्ने हैं। तुम्हारा काम सिर्फ मुस्कुराना है। इतना मुस्कुराओ कि दुकान का हर माल मुस्कुरा उठे और वे दोनों अपनी जेब तुम्हारी चाबी के हवाले कर जाएँ।

"हे बाबू, अगर तुम्हारा गुस्सा हमारी नहीं, साइन-बोर्ड की भाषा पर है तो ठीक है ! लो, तोड़ दो इसे।"

मैं यह सब देखता हूँ और सोचता हूँ—मेरा यह जन्म अकारथ ही चला गया। मैंने अपने बैरी के सिर पर तलवार नहीं तोड़ी...सोचता हूँ और देखता हूँ और घर लौटता हूँ तो निढाल पड़ जाता हूँ। मेरी समझ में नहीं आता कि मुझे क्या करना चाहिए ? लड़के और लड़कियाँ और शहर और ज्वान और प्राध्यापक और पुलिस और हरियाली—ये बहारें एक गाँव से आए दुखी आदमी को पागल बना देने के लिए काफी हैं। और जब मैं अपनी परेशानी के साथ इन नौजवान मित्रों और उनके जीने के ढर्रे से खुद को राजी नहीं कर पाता तो भीतर भयानक ग्लानि होती है। कभी लगता है, मैं बूढ़ा हो चला हूँ। कभी लगता है, मुझे अपने को इनकी परिस्थितियों में डालकर सोचना चाहिए—थोड़ी मुहलत के साथ, फिर लगता है—कहीं यह मेरा दिमाग मेरी तनख्वाह से तो नहीं बना है ?...मैं अपने को हर मोर्चे पर रखना चाहता हूँ और अन्त में झुँझला उठता हूँ—एक बार अबूझ

घृणा मेरे पूरे बदन में भर जाती है और तब एक ही रास्ता बचता है—मैं अपने भीतर की सारी घृणा को दोनों हाथों से उलीचना शुरू करूँ, उलीचता रहूँ और देखूँ कि घृणा के सिवा मैं क्या बच रहता हूँ !

जाड़ा आ रहा है।

जाड़ा सबसे पहले विश्वविद्यालय में आता है।

विश्वविद्यालय में भी सबसे पहले महिला महाविद्यालय में। वहाँ भी लड़कियों की उँगलियों पर। उनकी उँगलियों के बीच कार्डिगन या स्वेटर बुनने की सलाइयाँ हैं और 'वैनिटी बैग' में ऊन के गोले और लच्छियाँ। वे सड़क पर हों या कक्षा में, हॉस्टल में हों या बाजार में, गुलमुहर के नीचे हों या दुकान में–उँगलियाँ चल रही हैं। 'हलो' और एक मुस्कान–उँगलियाँ चल रही हैं। 'सिरहाने' या मेज पर 'फिल्मफेयर', 'फेमिना', 'धर्मयुग', 'स्टार एंड स्टाइल' पत्रिकाओं में कार्डिगन के ढेर सारे नमूने हैं, जबान पर फिल्मी सितारों की चर्चाएँ हैं, बालों में बेला के फूलों का गुच्छा या गजरा है, सामने कोई 'ए जी' या 'हाँ जी' है तब भी उँगलियाँ अपने 'उनके' या 'इनके' या बाप के वेतन पर चल रही हैं।

विश्वविद्यालय अन्दर-ही-अन्दर सुलग रहा है और उँगलियाँ अब कार्डिगन के गले पर चलने लगी हैं।

मौसम अभी खुश्क है लेकिन हवा ठंडी है। धूप अच्छी लगने लगी है। अब चिड़ियों के झुंड की तरह लड़कियाँ लॉन में बैठी या फुदकती नजर आने लगी हैं। कहीं-कहीं कोई लड़की घासों पर चुपचाप अकेली तैरती दिखाई पड़ती है—उदास और खोई-खोई-सी। ऐसा लगता, जैसे वह कुछ हो जाना चाहती है—पतंग या फूल या पत्ती या हवा या सपना। कुछ भी। वह घास पर कदम रखती है मानो पानी हो और वह थहा रही हो। वह अपने हाथ उठाती है, जैसे आसमान में रस्सियाँ झूल रही हैं और वह उनके सहारे ऊपर—बहुत ऊपर चली जाना चाहती हो !

मुझे यह अच्छा लगता है। किसी को भी लग सकता है। आखिर हमारी ख्वाहिश यही तो है—लोग सुखी हों, सुखी दिखें। लेकिन सुखी दिखना सुखी होना तो नहीं। अच्छा लगना और सही होना एक तो नहीं होता। मैं जब भी इन झुंड-की-झुंड लड़कियों को देखता हूँ तो सोचता हूँ—इनका क्या होगा ? दरअसल ये क्या चाहती होंगी ? ये क्या कर सकेंगी ? जिस देश को लेकर इतने सारे लोग परेशान हैं, उसके बारे में इनकी भी कोई राय है या नहीं ? ये कक्षा में बैठकर लगातार क्यों लिखती हैं ? कहीं ऐसा तो नहीं कि पढ़ने की इच्छा केवल उन्हीं में बाकी रह गई हो जिन्हें पढ़ने का अर्थ नहीं मालूम है ?

खैर, ये दीगर बातें हैं। फिलहाल तो यह कि शाम ढलते-ढलते पेड़ शान्त होने लगे हैं। घासें जो दिन-भर तनी रहती हैं, अपने में सिमटने और एक-दूसरे में दुबकने लगी हैं। जैसे ही बत्तियाँ जलती हैं, मैदानों और इमारतों पर कुहासा छा जाता है और तेज आवाजें भी कनफुस्कियों में बदल जाती हैं।

लड़कों के बीच जाड़ा उनके तलवों के रास्ते आता है।

उनके चप्पल की जगह जूता ले लेता है। जूते भी मोजों के साथ। ठंड नीचे ही आती है, ऊपर नहीं। स्वेटर या जर्किन शरीर पर नहीं, गले में या कन्धे पर है। यार लोग एक-दूसरे के गले में बाँहें डाले या एक सीध में पाँच साइकिलों पर सवार एक-दूसरे का हैंडल पकड़े पूरी सड़क को जाम करते हुए जब कोरस गाते हैं—'दुश्मन है जमाना ठेंगे से,' तो देखते ही बनता है।...इस तरह ये लड़के-लड़कियाँ साँझ के झुटपुटे में दिन के बजाय छोटे दिखाई पड़ते हैं और अलग-अलग दल बनाकर मैदानों या सड़कों पर टहलते हैं तो ऐसा लगता है, जैसे शहर की घनी आबादियों से फरार सारी खुशियाँ अपने गुप्त स्थानों से निकलकर गुलमुहर और अमलतास और कुंजों के गिर्द निर्भय हवाखोरी कर रही हों !

इस विश्वविद्यालय में देश के कोने-कोने से लड़के आते हैं और चाहते हैं कि कोई उन्हें जीना सिखाए। उनके जीने को उनके लिए आसान कर दे। उन्होंने अपने पास-पड़ोस की जो जिन्दगी देखी है, वे वैसी जिन्दगी नहीं चाहते। लोग जैसे-तैसे करके जीते चल रहे हैं, लेकिन वह हमारे लिए नहीं है। ऐसी जिन्दगी हमारे बर्दाश्त के बाहर है। अगर गुलामी के दिनों में भी ऐसी ही जिन्दगी थी, तो वह सह्य थी क्योंकि तब लोग गुलाम थे। लेकिन अब भी वैसी ही जिन्दगी—बल्कि उससे भी बदतर जैसा कि बूढ़े कहते हैं—सही नहीं जा सकती। आजादी और गुलामी में कुछ तो फर्क होना ही चाहिए। फिलहाल, हम वह फर्क चाहते हैं...और तब लगता कि असल में चिन्ताओं से भागकर वे हॉस्टल के कमरों में आ छिपे हैं।

यहाँ कोई तो हो जो उन्हें जीने का सही तरीका सिखाए !

और 'कोई' के नाम पर यहाँ हम हैं—मैं हूँ। मैं भी कभी इस विश्वविद्यालय में इसी उम्मीद से आया था लेकिन मेरे निरपराध और बेकसूर पाए जाने के बाद मुझे यह सजा

मिली कि उन्हें यह तरीका मैं सिखाऊँ। और मैं उन्हें बताता हूँ कि किताबें पढ़ो।

वे कहते हैं, "हम बीस साल से किताबें ही तो पढ़ रहे हैं।"

मैं कहता हूँ, "अनुशासन में रहो।"

वे कहते हैं, "बहुत रह चुके अनुशासन में।"

मैं कहता हूँ, "मुसीबतों से लड़ना सीखो।"

वे कहते हैं, "हम तो नहीं, हमारे बाप-दादे लड़ते-लड़ते दम तोड़ चुके हैं...और अव्वल तो इससे अनुशासन भंग होगा।"

मैं कहता हूँ, "उम्मीद रखो।"

वे कहते हैं, "किस बात की उम्मीद ?"

मैं कहता हूँ, "बक-बक मत करो, चुप रहो।"

वे कहते हैं, "तुम चुप रहो, व्यवस्था के दलाल !"

मैं कहता हूँ, "जाओ, भागो यहाँ से।"

वे कहते हैं, "हम क्यों भागें ? हम हॉस्टल का किराया देते हैं, पढ़ने की फीस देते हैं, हमसे कॉलेज चलता है, तुम चलते हो और हम भागें भी तो कहाँ जाएँ ?"

वे कहते हैं और बहुत कुछ कहते हैं, "महाशय, आप बहुत अच्छे हैं लेकिन चुप रहिए। आप विद्वान भी होंगे लेकिन बेकार हैं। क्या ऐसा नहीं हो सकता कि आपको पढ़ाना भी न पड़े और तनख्वाह भी मिलती रहे ? आप यकीन करें, अगर हमारा बस चले तो हम महीने की हर पहली तारीख को आपके मुँह में हजार रुपए की गड्डी ठूँस दिया करें और निवेदन करें कि यदि आपको इसी में मजा मिलता हो तो यह लें मगर मेहरबानी करके वह मत पढ़ाइए जो हम नहीं पढ़ना चाहते।"

हम कुछ छोटी-मोटी बातें जानना चाहते हैं, समझना चाहते हैं—मसलन, एक आदमी सारी जिन्दगी जी-तोड़ मेहनत करता है, फिर भी गरीब ही क्यों रहता है ? जब

खाने को इतना मौजूद है तो लोग भूखों क्यों मरते हैं ? जब सारा शहर रंग-बिरंगे कपड़ों से भरा पड़ा है तो लोग नंगे क्यों हैं ? जब इतना ज्ञान–इतनी किताबें हैं तो लोग जाहिल और मूर्ख क्यों हैं ? जिसे सुख कहते हैं, वह क्या चीज है ? यह कानून–यह संविधान किसने बनाया है ?

यह संविधान कहता है कि तुम जो चाहो, खा सकते हो; जो चाहो, बोल सकते हो; जैसे चाहो रह सकते हो ! लेकिन हमें इनमें से कुछ भी करने की छूट क्यों नहीं है ? हम देख रहे हैं कि सामने फलों या मिठाइयों की एक सजी दुकान है, हम भूखे हैं तो क्या; अगर हमारे पास पैसे नहीं हैं तो मौज करें। भूखों मरें। हमें छूट है कि हम जो चाहें, बोलें लेकिन हमारी आँखों के आगे हमारा घर लुट रहा है; नहीं बोल सकते। हमारे बगल में ही हथकड़ी के साथ एक सिपाही खड़ा है। और वह सिपाही भी कौन ? हमारा ही भाई या चाचा। हम कहते हैं, "भाई साहब। हमने अब बहुत दुख सहा। आपने भी बड़ी पहरेदारी की। अब हम ऐसे नहीं रहेंगे। हम कहेंगे कि यह हम पर ज्यादती है।" और भाई साहब अपनी बन्दूक की नली हमारे सीने पर लगा देते हैं। यह सब किसलिए होता है ? क्यों होता है ?

ऐसा क्यों होता है, हम कहते हैं–'भाई' ! और वह हमसे मुँह फेर लेते हैं। हम कहते हैं–'चाचा।' और वे हमें आवारा और लफंगा कहते हैं। हम कहते हैं–'बाबू।' और वे खाली आँखों चरनी की ओर ताकते रहते हैं और अगर पलकें भी उठाते हैं तो इस तरह जैसे अब क्या चाहिए ? असल में ये सारे लोग किससे नाराज हैं ? हमसे ? कभी लगता है कि हाँ, हमीं से नाराज हैं ! लेकिन फिर लगता है–नहीं, किसी दूसरी चीज से नाराज हैं। वे सामने पड़नेवाली किसी भी चीज–हल, बैल, चरनी, भैंस, गाय, हेंगा, पेड़, पगहा, खूँटा, जाड़ा, गरमी, बादल, धूप, बेटी, बहू, लड़का–हर चीज को लगातार गाली देते रहते हैं और

ठाँव-कुठाँव गुस्सा उतारते रहते हैं और यह सारा गुस्सा हमारी मौजूदगी में उतरता है—हमें दिखाकर। आखिर वे क्यों नाराज़ हैं ? किससे नाराज़ हैं ?

और आप हैं कि कहते हैं—'समीक्षा के मानदंड पर एक नातिदीर्घ निबन्ध लिखिए,' 'पुष्टिमार्ग का महत्त्व समझाते हुए अष्टछाप के कवियों का परिचय दीजिए,' 'अद्वैतवाद और विशिष्टताद्वैतवाद के अन्तर का मूलभूत आधार समझाइए।' क्या इस तरह के प्रश्न करते हुए—जबकि हमारी मानसिक हालत ऐसी हो—आपको ज़रा भी शर्म नहीं आती ?

जब मेरी आँखों में आँखें डालकर लड़के सीधे मुझसे इस तरह के सवाल करते हैं तो एक अज्ञात खुशी से दिल भर आता है; मुझे लगता है, दरअसल सवाल दूसरों से किए जा रहे हैं और जवाब मुझे देना पड़ रहा है—और मुझे इन्हीं सवालों को सहने, टालने, झुठलाने और बरगलाने की तनख्वाह मिला करती है।

ये सवाल हर समय मेरा पीछा करते हैं। मैं लड़कों को बड़े गौर से देखता हूँ, उनसे बातें करता हूँ, उन्हें कक्षा में भी देखता हूँ और उसके बाहर भी। मैं देखता हूँ कि उनमें असन्तोष बढ़ रहा है—बढ़ता जा रहा है। वे दिल से नहीं पढ़ना चाहते। इसके बावजूद उन्हें लगता है कि पढ़ने के सिवा उनके सामने और कोई चारा नहीं है। वे कक्षा में तरह-तरह की हरकतें करते हैं। हमें छेड़ते हैं, पीछे बैठकर कोई जासूसी किताब पढ़ते हैं, लड़कियों के प्रसंग पर कान खड़े करते और ठहाके लगाते हैं। वे कभी-कभी हमें हूट करते हैं और गैलरी में खड़े होकर कुत्ते-बिल्लियों की बोलियाँ बोलते हैं।

झुँझलाकर मैं पूछता हूँ कि मित्र ! आखिर आप क्यों पढ़ रहे हैं ? इस पढ़ने का क्या मतलब ? वे स्याह पड़ जाते हैं। एकदम सन्नाटा। शातिर से शातिर लड़का भी सन्न रह जाता है। कोई तो बताए कि वे क्यों पढ़ रहे हैं ? यह

सवाल अक्सर उन्हें अपने बाज़ार में ले जाता है जहाँ उनका साल-भर पहले का हँसमुख, मजाकिया, खूबसूरत और अपनी दिलफेंक हरक़तों के कारण सरनाम साथी अपने चिथड़े चेहरे और बदन के साथ रिक्शे पर सीमेंट का पीपा लादे बस-स्टेशन की ओर जा रहा है; अपने गाँव में ले जाता है जहाँ कलक्टर या कमिश्नर का सपना देखनेवाला युवक बार-बार आवेदन-पत्र देता है और पूरे दिन बैठकर ताश खेला करता है; अपने घर में ले जाता है जहाँ एक लड़का अपने परिवार की धिक्कारों से तंग आकर रेल की पटरियाँ या नदी का पुल तलाशता फिरता है।

मैं कहता हूँ कि मित्र ! हमारे और आपके सम्बन्ध आदमी के नहीं, किताब और कॉपी के हैं। हमारी शख्सियत इससे ज्यादा एक-दूसरे के लिए नहीं है। हम दो-तीन साल एक-दूसरे के साथ रहे हैं। लेकिन हममें से कोई किसी को नहीं पहचानता। मुझे नहीं मालूम कि आप किस गाँव या शहर या सूबे से आते हैं ? आपके घर क्या पकता है ? आपकी पढ़ाई आपके बाप पर कितने का कर्ज लाद चुकी है ? आपकी माँ कैसी है, भाई कैसे हैं ? बैलों या खेतों के क्या हाल हैं ? आपमें से वे कौन लोग हैं जो रात को रिक्शा खींचते हैं ? ट्यूशन करते हैं, दस मील साइकिल चलाकर आते हैं और फिर पढ़कर वापस लौट जाते हैं ? आप लँगड़ा क्यों रहे हैं ? आपकी आँखें क्यों सूजी हैं ? आप बैठे-बैठे सो क्यों रहे हैं ?

और आप भी तो नहीं पूछते कि मैं हाँफ क्यों रहा हूँ ? इस उम्र में ही मेरे सिर के सारे बाल सफेद क्यों हो रहे हैं ? मेरी हथेलियों की पीठ की सारी नसें उभर क्यों आई हैं ? दूसरे साथी अध्यापकों की तरह मेरे भी गाल फूले हुए क्यों नहीं हैं ? अच्छी रकम पाने के बावजूद मैं तीन साल से दो पैंट और बुश्शर्ट ही क्यों पहने चल रहा हूँ ? जिस

समय मेरा बेटा निमोनिया से अस्पताल में छटपटा रहा होता है, मैं आपके आगे एक पेशेवर वेश्या की तरह क्यों मुस्कुराता रहता हूँ ?

बेहतर हो, आप यह सब न पूछें क्योंकि आपके दिमाग में सम्मान का दूसरा ही नक्शा है और इन्हें जान लेने के बाद वह तहस-नहस हो जाएगा और इसलिए भी कि मैं साइकिल से आता हूँ और मैंने अपने पीछे आपकी फब्तियाँ सुनी हैं। मैं सड़क से अपने लिए कोयला ले जाता हूँ और जिसने मुझे कोयला ढोते हुए देखा है, उसे मैंने खुद पर मुस्कुराते या दूसरों को सुनाकर 'टांट' कसते पाया है। मैं दुकान से सब्जी या राशन लेता हूँ और आप मुझे एक चालू नमस्ते तक करना बन्द कर देते हैं। मेरी अच्छी-से-अच्छी और सही-से-सही बात तक का आप पर कोई असर नहीं पड़ता क्योंकि आप मुझे कोयले या बोरे या झोले के साथ और अपने जैसा देख चुके होते हैं।

मैं कहता कि यारो ! आदमी की मेहनत का सम्मान करो ! अपना काम अपने हाथ से करो। अपने काम के लिए दूसरे आदमी का हाथ या पीठ या कन्धा खरीदना आदमीयत का अपमान करना है। ऐसा नहीं कि इस धरती पर कुछ लोग दूसरे अंगों से हीन सिर्फ चूतड़ और पेट के साथ ही पैदा हुए हों। और अगर ऐसा नहीं तो उन्हें आदमीयत पर थूकने का कोई हक नहीं है। मैं कहता हूँ और आप मुस्कुराते हैं। समझते हैं कि यह आदमी बाजार की अपनी शर्म को कक्षा में ढँकना चाह रहा है।...

आप विश्वास करें, मुझे आपकी इस 'समझ' से—सन्देह से शक्ति मिलती है। मैं अपने भीतर की उन सारी ख्वाहिशों और लालचों का गला घोंट देना चाहता हूँ जो मुझमें शेष हैं; जो पड़ोस और अपने मित्र अध्यापकों की ईर्ष्या में कायम रहना चाहती हैं। मुझे लगता कि मेरी जिन्दगी से जुड़ी दोस्तों की एक बड़ी जमात है जो मेरी जबान को कैम्पस के बाहर

अपनी आँखों के हजूर देखना चाहती है।

और मैं इसी उत्साह में प्यार से, डाँट से कहता हूँ—रुको ! जाओ नहीं। लेकिन आप चले जाते हैं क्योंकि सुनते-सुनते आपकी कमर दुखने लगी है !

बीस साल की उम्र और कमर का दर्द !

और मैं इन 'छोटी-मोटी' बातों से बुने दिमाग को कक्षा के बाहर देखना चाहता हूँ। मैं ज्वान के उस विश्वास को—जो उनकी नाराजगी और दुख के बावजूद छलकता रहता है—देखना चाहता हूँ कि इन हाथों में दुनिया पलट देने की ताकत है, इन पाँवों में समूची धरती को रौंदने का हौसला है, इन पंजों में आसमान को निचोड़ने की कुव्वत है कि इन...

लेकिन यह विश्वविद्यालय क्या हो गया है इस समय ? क्या यह हिन्दुस्तान है ? गरीबी, भुखमरी और फटेहाली का हिन्दुस्तान ! क्या कई हिन्दुस्तान हैं ! और यह अपना विश्वविद्यालय—वनस्पतियों का देश, जहाँ उम्र और मौसम के नाम पर केवल वसन्त है—किस हिन्दुस्तान में है ! फिर चेहरों पर सड़ी सेवार की तरह बजबजाई झुर्रियोंवाली औरतें अपनी ही लड़कियों को विदेश की तरह क्यों घूर रही हैं ?

इसकी कँटीले शीशों से जड़ी चारदीवारी के बाहर से आनेवाला यह आदमी इस तरह आँखें फाड़-फाड़कर इन हैरतअंगेज इमारतों को क्यों देख रहा है ? कचहरी या तीरथ पर निकला हुआ यह मटमैला गाँव आपको इतनी हसरत और नफरत से क्यों ताक रहा है ?

यह आपका कीमती वक्त है। मौज-मस्ती का वक्त ! इसे आप ज़रा भी बरबाद नहीं करते। आप सड़क, मैदान, बाजार, घास, गैलरी—हर जगह लकदक कपड़ों में निकल आते हैं। शोर, सीटियाँ, गाने—'दिन जवानी के चार यार !' और आप जवानी के चार दिनों का भरपूर उपभोग कर लेना चाहते हैं। सड़कें गा उठती हैं। आवाजें गैलरियों, मैदानों या सड़क के किसी मोड़ से उठती हैं और निशाने पर गिरह लेती हुई आसमान में चली जाती हैं...

भला कौन कह सकता है कि आप दुखी हैं। आपके दिल में एक घाव है जो 'सेप्टिक' हो रहा है। एक अबूझ असन्तोष है जो जहर की तरह आपकी शिराओं-धमनियों में रेंगता चला जा रहा है। मैं तो उन बातों को आपकी बाहरी जिन्दगी में भी देखना चाहता हूँ जिन्होंने आपके दिमाग पर घेरा डाल रखा है।

आपमें से ही तो वे लोग भी हैं जो रिक्शे से छात्रावास की सड़क पर उतरते हैं और बग़ैर पैसे दिए अपने कमरे की ओर जा रहे हैं ! वे भी तो हैं जो चाय पीते हैं और पैसा माँगने पर दुकानदार को गालियाँ बकते हैं। और वे भी तो हैं जो मजा के लिए एक गरीब की हत्या तक कर डालते हैं और जीने का जश्न मनाते हैं। और एक ये भी हैं जो एक 'नजरबन्द' छात्रावास (महिला छात्रावास) के फाटक के बाहर खड़े रहते हैं—इस ठंड के लिए चुनौती की तरह। ज़रा उनके नखरे तो देखिए ! वे जितनी बार टाई की गाँठ ठीक कर रहे हैं, उतनी ही बार रूमाल से अपनी नाक भी पोंछ रहे हैं। एक कली उनके कोट के बटनहोल

में है, दूसरी उनकी उँगलियों के बीच नाच रही है। बार-बार खुद-ब-खुद मुस्कुराने की कोशिश कर रहे हैं लेकिन गाल इतने गुदगुद हैं कि कहीं से कोई जुम्बिश नहीं हो रही है।

वे क्या कर रहे हैं ?

भविष्य का इन्तजार कर रहे हैं।

क्योंकि वे उसके बारे में निश्चिन्त हैं। किन्हीं कारणों से सरकारी या गैरसरकारी नौकरियों में नहीं आए तो पुश्तैनी कारोबार तो है ही। और ये हैं आप ही के साथी जो आपसे बातें करना, आपको मुँह लगाना अपनी शान के खिलाफ समझते हैं।

लेकिन इनके सिवा भी लड़के हैं और इनकी संख्या बहुत ज्यादा है, उन्हीं में से एक—जो उदास और चुपचाप सीने पर अपनी बाँहें बाँधे खड़ा है और अपने भाइयों की ओर एक सहज कुतूहल से ताक रहा है—से पूछता हूँ—'भई ! एक बात बताओगे।'

वह अपनी गरदन मेरी ओर मोड़ देता है, मुझे भरपूर आँकता है—ऊपर से नीचे तक और फिर अपनी आँखें मुझ पर जमा देता है।

"आपकी ऐसी हालत क्यों है ?"

"मेरी हालत और ऐसी ? ज़रा रुकिए !"—वह गम्भीर हो जाता है और फिर प्यार से मुस्कुराता है, "मेरी हालत ऐसी इसलिए है कि इस विश्वविद्यालय में पचास फीसदी लड़के हैं—और देश में तो लाखों-करोड़ों हैं जिनकी हालत भी ऐसी ही है। और कुछ !"

वह अपनी आँखें मुझसे दूर हटा लेता है। इससे ज्यादा कुछ कहने की उसकी इच्छा नहीं है। मैं थोड़ी देर खड़ा रहकर दूसरी ओर मुड़ता हूँ।

"ठहरिए !" वह आवाज देता है।

मैं रुक जाता हूँ।

"आपने यह पूछा क्यों ?"

"इसलिए कि आप अपनी हालत की वजह जानते हैं या नहीं।"

वह अपने पीछे से गुजरते कुछ शरीफ़जादों की ओर इशारा करता है, "मेरी ऐसी हालत इसलिए भी है कि उन लोगों की—और आपकी ऐसी हालत नहीं है।"

"मुझे जानते हैं आप ?"

"नहीं, लेकिन पहचानता हूँ।"

"तो आप मुझे नहीं जानते। आदमी को सड़क से नहीं पहचाना जा सकता।"

वह फिर मुस्कुराता है और लड़कों के जलसे की ओर ताकने लगता है।

"ऐसे मुझे खुशी है कि दस हजार लोगों में से एक आदमी मिला जिसने मुझ-जैसे लड़के में दिलचस्पी तो ली।"

हम साथ-साथ कुछ दूर तक चलते हैं। वह बताता है कि उसने अपने को घर से अलग कर लिया है। उसने क्या कर लिया है, बल्कि घर के लोगों ने ही उसे अलग कर दिया है। तीन-चार साल नौकरी के चक्कर में वह दिल्ली, कलकत्ता और बम्बई घूमता रहा, किसी तरह अपना पेट जिलाता रहा। पिता और भाइयों को इतने से सन्तोष न था। उन्हें चाहिए था काफी धन—इतना धन कि उनकी सारी इच्छाएँ पूरी हो जाएँ, सारा दुख-दर्द दूर हो जाए। रात-दिन मालिकों की गुलामी करके भी वह उन्हें और अपने घरवालों को सन्तुष्ट न कर सका। और अन्त में उसने यहीं एक छोटी-सी नौकरी करते हुए पढ़ने का फैसला कर लिया।

"अब तो ठीक है ?" मैं पूछता हूँ।

"नहीं, ठीक नहीं है !" वह चट कहता है। उसका यह उत्तर मुझे अच्छा लगता है क्योंकि मैं उम्मीद किए बैठा था कि वह कहेगा—'हाँ, ठीक ही है !'

"क्यों ?"

"क्यों ?" वह सोचते हुए बोलता है, "कई बातें हैं। एक

तो जो पढ़ाया जा रहा है, वह मेरी समझ के बाहर है ! समझ के बाहर इसलिए कि चार साल के तजुर्बे के बाद मेरे लिए वह सब पढ़ने का तुक नहीं रह गया है। बेकार भी है वह ! मैं या कोई भी यह जानकर क्या करेगा कि अमुक विषय पर अमुक विद्वान ने क्या लिखा है ?...ज़रा सूँघिए तो मेरा बदन ! क्या मैं बदबू कर रहा हूँ ? नहीं ना ? रुकिए, बता रहा हूँ आपको !"

हम झाड़ियों की एक लम्बी कतार के समानान्तर चलते रहते हैं और वह चुप होकर झाड़ियों के पत्ते नोचता है। फिर वह एक नन्ही-सी टहनी तोड़ता है और झाड़ों को पीटता चलता है, "बात यह है कि पढ़ाई के इस ढंग को बदलना पड़ेगा। अब तक इस पढ़ाई से हो यह रहा है कि हम पढ़ते हैं और अपने माँ-बाप के खिलाफ हो जाते हैं, अपने गाँव-घर के खिलाफ, अपने ही वर्ग के खिलाफ। हमें अपना घर गन्दा और घिनौना लगने लगता है, गाँव बेहूदा और घिसघिस ! यह काम इतनी बारीकी और सफाई से होता है कि लड़के को पता तक नहीं चलता। यह पढ़ाई हमसे हमारा ही, हमारे ही कुनबे का आदमी छीन लेती है और भाई जान ! तब बेहद तकलीफ होती है।...बताइए; अब इसका क्या जवाब है कि मेरे ही बगल में बैठा हुआ कक्षा का एक साथी बार-बार रूमाल अपनी नाक पर ले जा रहा था, जैसे मेरे साथ बैठना उसकी मजबूरी हो !"

हम एक मोड़ पर आते हैं जहाँ वह ठिठक जाता है। वह यह सब कहते-कहते दुख से भर आता है और चुप हो जाता है। कुछ देर खड़ा रहने के बाद वह हाथ हिलाता है, जैसे कह रहा हो—'और आप पूछते हैं कि मेरी ऐसी हालत क्यों है !'

मैं विभाग जाता हूँ—दूसरी मंजिल पर। आज विभाग में बहस हो रही है। यह नई बात कैसे ? खिड़की से बगलवाले कमरे की आवाज आ रही है। एक विद्वान किसी

बात से सहमत होते हुए ऊँचे स्वर में बोल रहे हैं, "देखो भई ! मैं तो यह मानकर चलता हूँ कि कोई विचारधारा पूर्णतः सत्य नहीं होती। कुछ बातें जनसंघ में अच्छी हैं, कुछ साम्यवाद में, कुछ समाजवाद में, कुछ कांग्रेस में। जिस दल में जो बातें अच्छी हों, उन्हें खुले दिल से स्वीकार करना चाहिए। यह हर बुद्धिजीवी का फर्ज है। बुद्धिजीवी वह है जो किसी भी विचारधारा से बँधा हुआ न रहे। और सुन लीजिए, अगर आप अपना विचार मुझ पर थोपना चाहेंगे तो मैं उठकर चला जाऊँगा।"

"रुकिए, रुकिए पंचमेलजी ! मैं अभी आया !" मैं अलमारी बन्द करते हुए चिल्लाता हूँ तब तक वे खुद ही उठकर चले आते हैं।

"कहो भई ! क्या कह रहे हो ?"

"आपकी बातों के पीछे जो दिमाग है न, उसे..."

बगल में खड़ा एक विद्यार्थी मेरी बात पूरी करता है, "उसे बदल देने की जरूरत है !"

"नहीं साहब, कुछ चीजें ऐसी होती हैं जिन्हें खत्म कर देने में ही कल्याण है—बदलने से क्या होता है ! और क्या इस तरह के लोग कभी बदले जा सकते हैं ?"

उनका चेहरा लाल हो जाता है, वे कनखी से लड़के को देखते हैं। लड़का वहाँ से हट जाता है। वे धीरे-धीरे ठंडा होने की कोशिश करते हैं, "देखिए, आप अफलातून नहीं हैं और हों भी तो हुआ करें। आपसे मैंने सौ बार कहा कि इधर-उधर देखकर जबान खोला करें। लड़कों के सामने उलटी-सीधी बकने की क्या तुक है ! घोड़ा हो गए, तमीज नहीं आई।"

"अरे, सुनिए तो !" वे गुस्से में पैर पटकते हुए चले जाते हैं। कहाँ जाऊँ अब ? मैं सोचता हूँ। क्यों न अध्यक्ष के पास चलें ! लेकिन अध्यक्ष केवल दो प्रकार की भाषाएँ समझते हैं—चापलूसी और धमकी की। मेरे सहयोगी जरूरत

के मुताबिक इन दोनों भाषाओं का इस्तेमाल करते रहते हैं। लोग कहते हैं कि पहले ऐसा नहीं था। मगर जब से कुछ मुदर्रिस—जिन्हें 'नॉर्मल' या जे.टी.सी. करके किसी पाठशाला में होना चाहिए था—इन भाषाओं की मदद से यहाँ प्रवेश पा गए हैं, तब से स्थिति गड़बड़ हो गई है। आप तो बातें करो लिखने-पढ़ने की और वे कहेंगे कि उनके ताल्लुकात शहर के फलाँ-फलाँ गुंडों से हैं—जाहिर है कि आप एक-दूसरे के लिए अबूझ हो जाएँगे। तीसरी किस्म उन मुदर्रिसों की है जो पढ़ने-पढ़ाने की अपेक्षा अध्यक्ष को काबू में रखने के लिए विश्वविद्यालय के नियम-कानून में अधिक दिलचस्पी रखते हैं। सारी धाराएँ और सारे अनुच्छेद उनकी जबान पर हैं। अध्यक्ष की हालत यह है कि यदि वे धाराओं से बचें तो गुंडों से नहीं बच सकते और यदि गुंडों से बचना चाहें तो धाराओं में रहें।

मेरी गति अधिक-से-अधिक चापलूसी तक हो सकती है। लेकिन चापलूसी या झूठ को विश्वसनीय बनाने के लिए जिस चेहरे की जरूरत है, वह मेरे पास नहीं है। चेहरा सारा भेद खोल देता है, लिहाजा लोग खुश होने की जगह नाराज हो उठते हैं।

"पंडितजी !" मैं अतिरिक्त विनम्रता से झुकता हूँ।

अध्यक्ष कान से फोन सटाए सामने ताक रहे हैं। चौड़ी मेज पर एक बड़ा नक्शा फैला है किसी कॉलोनी का। वे आँखों से ही मेरा अभिवादन करते हैं। वे मुस्कुराते भी हैं यानी सब ठीक ?

"हाँ, पंडितजी ! कल तुलसी-जयन्ती पर जितने लोगों ने भाषण दिया था, उनमें आपका भाषण..."

"किस जयन्ती में ?"

"कल जो सभा हुई थी !"

"तुम थे क्या ?"

"था तो नहीं, लेकिन सुना !"

"लेकिन मैं तो अभी-अभी बंगलौर से फ्लाई करके आ रहा हूँ और परसों फिर प्लेन से ऊटकमांड जाना है। एक रीडर की जिन्दगी का सवाल है। न जाओ तो लोग बुरा मान जाते हैं।"

मैं अपनी झेंप की ओर ध्यान न जाने देने के लिए एकदम से विषय बदल देता हूँ, "पंडितजी, कल पाठ्यक्रम की शिकायत करते हुए एक लड़के ने कहा कि..."

"भई, लड़के बड़े मजेदार होते हैं, उनकी बात छोड़ो। ज़रा इस कॉलोनी में कोई बढ़िया-सा प्लॉट तो पसन्द करो। देखो, महीने-भर से ये सज्जन सिर खा रहे हैं, अब इनका भी मन रख ही लेना पड़ेगा !"

मैं एक बहाने की मदद से अपने कमरे में चला जाता हूँ और एक लम्बी साँस लेता हूँ। इसी समय एक विद्वान मित्र मुस्कुराते हुए मेरे पास आते हैं और केहुनी से ठुनकियाते हैं। इस केहुनी के कई माने हैं–

"अध्यक्ष से घुल-घुलकर क्या बातें हो रही थीं ?"

"समय-सारिणी में तुम्हें ऐसा विषय दिलाया है कि साल-भर याद करोगे !"

"बड़े कूटनीतिक बनते थे। लड़कों से हूट करवा दिया या नहीं !"

"आज कार्यकारिणी के खेमकाजी मेरे घर चाय पर आ रहे हैं, मुझे क्या समझते हो !"

उनके जाने के बाद एक दूसरे विद्वान आते हैं। उनकी आँखों में चिन्ता है और चेहरा चुकन्दर की तरह गोल और लाल है। वे चुपचाप मेरी बगल में बैठ जाते हैं। इस बैठने के भी कई मतलब हैं–

"बोलो, अब क्या होगा ?"

"अमुक गुट काफी सक्रिय है और तुम कुछ नहीं कर पा रहे हो ?"

"क्या तुम भी समझते हो कि अमुक विषय मैं नहीं पढ़ा

सकता ?”

“ल्यौ, मेरे वाले ट्यूटोरियल में एक भी लड़की नहीं दी है सबों ने।”

“भई, यहाँ सुनी तो उसी की जाती है जो लाला हो। अपन तो बामन ठहरे !”

“अब तुम्हीं बताओ, अध्यक्ष का क्या करें ? वह ससुरा कुछ भी सुनने को तैयार नहीं है।”

वे रजिस्टर उठाकर जाते हैं कि तीसरे विद्वान अपनी मोटर साइकिल की चाबी उँगली में नचाते हुए चले आ रहे हैं—हाँ, मिस्टर ! यानी—

“तुम समझते क्या हो, मैं चूतिया हूँ ?”

“मैंने पचीस हजार रुपए का तीसरा बीमा कराया है आज।”

“तुम साले सारी जिन्दगी चूतिया के चूतिया ही रह जाओगे।”

“मैं फलाँ-फलाँ विश्वविद्यालय का परीक्षक हो गया हूँ—कुछ पता है तुम्हें ?”

“देखो, मैं छोटे-मोटे कामों में नहीं पड़ता। हाँ; कोई बड़ा काम आए तो कहना।”

“अच्छा, तो बैठो ज़रा, बैंक हो लूँ।”

यह देखिए, चौथे विद्वान आ रहे हैं। ललाट पर पसीना चुहचुहा रहा है, जैसे उन्होंने पहले की बनी-बनाई सारी मान्यताओं को उखाड़कर कूड़ाखाने में फेंक दिया हो और लड़कों की सौ जोड़ी आँखें उनकी कदमबोसी के लिए आपस में धक्कम-धुक्की कर रही हों ! वे रजिस्टर दराज में रखते हैं, कोई टिकिया खाकर पानी पीते हैं और दरवाजा उढ़का देते हैं। कुर्सी में धँसकर जब बैलों-जैसी बड़ी और गोल आँखें खोलते हैं तो बहुत कुछ कह जाते हैं—

‘तुम्हारा भी पेट गड़बड़ रहता है; तुम्हें लोहे की अँगूठी में नीलम पहनना चाहिए।’

'हाँ, बड़े भाई के नाते एक सलाह दूँगा—देखो ! लड़के जो हड़कम और उपद्रव करने जा रहे हैं न, उसमें न पड़ना। जरा बच-बचा के—मेरी तरह।'

'अब यह देखो, मैंने कुलपति को किताब क्या समर्पित कर दी कि लोगों के कान खड़े हो गए। समझते हैं, मैंने प्रोफेसर होने के लिए ऐसा किया है।...अरे, तुम करो न समर्पित; मैं कोई मना कर रहा हूँ !'

' 'धर्मयुग' में प्रकाशित मेरा लेख पढ़ा—हिन्दी कहानी के विकास में 'विश्वविद्यालय अनुदान आयोग' के अध्यक्ष का योगदान ?'

वे आँखें बन्द कर लेते हैं और पान घुलाते हुए पैंतालीस मिनट के बाद अगली फतह की तैयारी करना शुरू कर देते हैं।

'क्या...क्या...क्या...' कहते और हकलाते हुए एक सज्जन हवा की तरह विभाग की गैलरी में आधे घंटे से चक्कर काट रहे हैं और अपनी किसी लंगीमार योजना को सुलझा-उलझा रहे हैं।

इस तरह सभी विद्वान बारी-बारी से आते और चले जाते हैं और मुझे पिछले रोज का लड़का याद आता है—आता रहता है एक सवाल की तरह !

अब आखिरी विद्वान गैलरी में बड़ी बेताबी से चहलकदमी करते नजर आते हैं। वे बेहद नाराज हैं और अन्धाधुन्ध एकालाप कर रहे हैं—अब यह देखो ! हजार रुपए फटकारते हैं लेकिन अखबार नहीं खरीद सकते। एक-से-एक गधे भरे पड़े हैं इस विश्वविद्यालय में। उन्हें यह तक नहीं मालूम कि पेशाकर के खिलाफ दी गई याचिका आज खारिज हो गई। अरे भई, कोई हो ! रास्ते में सुना कि लड़के कल से आन्दोलन करने जा रहे हैं—क्या यह सच है ? सालों का कोई भरोसा है ! महीने भर से तो सुन रहा हूँ कि आन्दोलन होगा ! आन्दोलन होगा ! लेकिन हो तब तो ?...

अरे अध्यक्षजी, कहाँ हो भई ? मैंने तुमसे सौ दफे कहा कि मुझसे ऊपर नहीं चढ़ा जाता, मेरी कक्षाएँ नीचे ही लगाओ लेकिन हर बार दूसरी या तीसरी मंजिल ! भैया, आखिर क्या चाहते हो—ऐं ? चाहते क्या हो आखिर, पहले यह बतला दो !...

मैं अपने कमरे में खिड़की के पास खड़ा हूँ—चुपचाप। यह मेरा खाली वक्त है। लड़के गैलरियों में घूम रहे हैं। ज्यादातर लड़के स्नातक कक्षाओं के हैं। वे अक्सर पुरानी इमारत से इस इमारत में इसलिए चले आते हैं कि यहाँ सह-शिक्षा है। आने का बहाना है—अध्यापक की खोज। कभी-कभी अध्यापक उनकी कक्षा ले रहा होता है और वे उसे यहाँ खोजते रहते हैं। इन गैलरियों में आकर वे असाधारण रूप से शरीफ और शान्त हो जाते हैं। लेकिन यह शराफत थोड़ी देर की होती है—अचानक सामूहिक ठहाके सुनाई पड़ते हैं और फिर वे अपने आप शरमाकर या जिस किसी भी कारण से सीढ़ियों पर नागरा (जूते) पटकते हुए भाग खड़े होते हैं।

दो लड़के घुसते हैं और मुस्कुराते हुए मेरे आगे एक कागज रख देते हैं।

"क्या है भई ?"

“ ‘छात्र-सहायता कोष’ का फार्म है, संस्तुत कर दीजिए।”

मैं उस लड़के को ऊपर-नीचे देखता हूँ। उस पर गरीबी का कोई चिह्न नहीं है—न चेहरा, न आँखें, न कपड़े।

“आप गरीब हैं ?” मैं पूछता हूँ।

“जी हाँ !”

“आप काफी बेहया हैं।”

वह तन जाता है और अपनी गरदन मेरी ओर घुमाता है, “क्या ?”

“आप गरीब तो नहीं हैं ?”

“जी, पचास रुपए का मामला है और जब फोकट में मिल रहा है तो क्यों छोड़ दिया जाए ?”

“आप इस तरह एक जरूरतमन्द विद्यार्थी का हक मार रहे हैं !”

“सर, मैंने सब बात कर ली है। सिर्फ संस्तुत करा के फार्म जमा कर देना है।”

“ठीक है, लेकिन मैं तो नहीं करूँगा।”

“सर !”

मैं फार्म एक तरफ टाल देता हूँ। लड़का ओठ बिचकाता है और बगलवाले कमरे में घुस जाता है। मैं जानता हूँ कि अगर मैं नहीं करता तो वह किसी और अध्यापक से करा लेगा और फिर मुझे चिढ़ाने की नीयत से रोब में पन्ना हिलाते और मुस्कुराते हुए मेरे मामने से निकल जाएगा।

धाँधलियाँ विश्वविद्यालय का चरित्र हैं। शुरू-शुरू में मैंने भी छात्रों में लोकप्रिय होने के लिए अपने को उनकी मर्जी पर छोड़ रखा था लेकिन धीरे-धीरे लगा कि यह गलत है। एक गलत परम्परा में अपने को डाल देने की अपेक्षा, उसके खिलाफ होना, उसमें हस्तक्षेप करना ज्यादा जरूरी है और इस सतर्कता के साथ कि कहीं मैं ही उठाकर फेंक न दिया

जाऊँ। अमूमन सच को विरोध ही का नहीं, तिरस्कार या बहिष्कार तक का सामना करना पड़ा है और आज की मुश्किल जिन्दगी में अपने को आसानी से दूसरे के निशाने पर लाकर खड़ा कर देना नासमझी है। मुझे बार-बार लगा है कि अगर हम कुछ कर सकते हैं तो बाहर से नहीं, बल्कि भीतर से; उसमें धँसकर, बीच में अपने को फँसाकर, दूसरों को तोड़ने या शर्मिन्दा होने का मौका निकालकर।

लेकिन मैं यह भी जानता हूँ कि विश्वविद्यालय के भीतर कोई तबदीली तब तक नहीं आएगी, जब तक उस पूरी बुनियाद को झकझोर नहीं दिया जाता जिसका अंग यह संस्था है...तब तक चीजें इसी तरह चलती रहेंगी। हर चालाक लड़का खुद अपना बाप होकर बाप के दस्तखत औरों से प्रमाणित कराता रहेगा ! हर चालाक लड़के की मिलों या फैक्टरियों या दुकानों में कोसी और गंडक और घाघरा बढ़ियाती रहेंगी और फसलें बरबाद करती रहेंगी। हर चालाक लड़के का पुश्तैनी व्यापार 'सूखाग्रस्त क्षेत्र' घोषित होता रहेगा और सम्भव सहायताएँ मिलती रहेंगी।

और मौजूदा व्यवस्था में चालाकी उनके हिस्से पड़ी है जो सम्पन्न हैं; भय, लिहाज और विनय केवल उनमें है, जो गरीब हैं। एक चीकट-सा लड़का आधे घंटे से दरवाजे के बाहर खड़ा है और बीच-बीच में चिक से झाँक लेता है कि मैं कब निकल रहा हूँ। वह कॉलेज से चुपचाप एक खास दूरी रखते हुए मेरे पीछे-पीछे तुलसी रोड की गली तक आता है और इतना पूछने का साहस नहीं जुटा पाता कि वह 'भाषाविज्ञान' पर कौन-सी किताब पढ़े। लेकिन यही लड़का—हू-ब-हू यही लड़का अपने से बाहर देखता हुआ भय और लिहाज उतार फेंकता है तो सहसा किसी 'लाठी-चार्ज' या 'गोली-कांड' में बीसियों जवानों का सिर तोड़ता हुआ या तो 'स्वर्गीय' हो जाता है या हाथ-पैर खोकर घर जा बैठता है।

और तब अपने में अन्दर देखनेवाले चालाक लोग चाय की चुस्कियों के साथ उसके परिवार के प्रति संवेदना प्रकट करते हुए पुलिस के बर्बर अत्याचार की निन्दा करते हैं और सरकार से उच्चस्तरीय जाँच-समिति की माँग करते हैं।

छात्रों का नेतृत्व इन्हीं के हाथ में रहा है और ये 'छूट' या 'सुविधा' के लिए आन्दोलन करते आए हैं। अधिकारियों ने कहा कि एम.ए. में चालीस सीटें रहेंगी, नेता कहेगा—नहीं, साठ सीटें करो। अधिकारियों ने कहा कि प्रवेश के लिए कम-से-कम पचास प्रतिशत अंक होने चाहिए। नेता कहेगा—नहीं, छत्तीस प्रतिशत करो। अधिकारियों ने कहा कि इम्तहान बीस मार्च से होगा, नेता कहेगा—नहीं, बीस मई करो। अधिकारियों ने कहा कि कक्षा में उपस्थिति सत्तर प्रतिशत होनी चाहिए। नेता कहेगा—नहीं, उपस्थिति की अनिवार्यता ही खत्म करो ! हर मामले में छूट।

इस तरह पढ़ाई भी चल रही है, नेतागीरी भी चल रही है और चाय-समोसे भी चल रहे हैं।

आम लड़का इसमें कोई भी दिलचस्पी नहीं लेता। गरीबी ने उसे सिखाया है कि बड़ी चीज पैसा है। पढ़ो, अच्छे अंक लाओ और किसी दफ्तर के बाबू या साहब बनो ! वह अपने धन्धे के लिए लगा है। लेकिन बी.ए. कर लेने के बाद वह न चाहते हुए फिर यहाँ लौट आया है और अब वह वही लड़का नहीं है। उसकी मुलाकात ज्वान से होती है और ज्वान उसके आगे एक लोटा पानी रखते हैं, "हाँ, तो बबुआ, आखिरकार लौट ही आए ! लो, पानी पियो। लेकिन एक बात बताओ ! मान लो, इस डिग्री पर तुम कहीं बाबू हो जाते या जिला परिषद् के स्कूल में मास्टर, उसके बाद ? या अब एम.ए. कर रहे हो, मान लो, कहीं साहब हो जाओ, फिर बोलो ? मान लिया कि तुम चिकने हो जाओगे, कपड़े साफ-सुथरे हो जाएँगे, अच्छे हो जाएँगे, ज़रा-सी तोंद निकल

आएगी, उसके बाद ? क्या तुम यही चाहते हो ? सिर्फ इतना ही ? क्या तुम सुखी हो जाओगे ? क्या तुम तनहा अपने सुख की सुविधाएँ जुटाकर सन्तुष्ट रह सकोगे ? भाई मेरे ! यह सुख तुम्हारा दुश्मन है। तुम कभी सुखी नहीं रह सकते। इस धरती पर सुख नाम की चीज रह ही नहीं गई है। इसे लाने की जरूरत है और तुम नौकरी के जरिए इसे नहीं ला सकते।"

और उस लड़के के दिमाग के नौकर पर यह पहली चोट है। उसके बाद डलिया में दाना आता है, गुड़ आता है और इसके साथ बात का दूसरा दौर शुरू होता है, "तो राजू, पढ़ रहे हो, पढ़ो। लेकिन अपने आस-पास के, आगे-पीछे के लोगों को गौर से देखो। इस तरह कि तुम्हें उनके साथ ही उनका परिवार, आँगन, बखार और चूल्हा और थाली तक दिखाई पड़ जाए। उनकी गंजी में कितना मारकीन और कितनी मैल है, घर की औरत के तन पर कितना प्यौना है और कितनी साड़ी—सब नजर आ जाए ! अगर अपनी आँखों में यह क्षमता पैदा कर सको तो पढ़ाई का मतलब है, नहीं तो सब हिन्दुस्तान है।"

वे थोड़ी देर ठिठकते और लड़के के चेहरे पर अपनी बात की प्रतिक्रिया देखते हैं, "तो जानते हो, इससे क्या होगा ? लड़ने की माद्दा पैदा होगी। जीने में विश्वास पैदा होगा, जीने का मतलब समझ में आएगा।...अब यही देखो। मैं भी क़ोई बौड़म नहीं हूँ। आँखें खोलकर कान खड़े कर सड़क पर निकलता हूँ। तो बबुआ, लोग कुछ सुगबुगा रहे हैं इधर ! वे कुछ करना चाहते हैं और क्या कर बैठेंगे—इसे हममें और उनमें भी कोई नहीं जानता। यह जरूर है कि वे कोई भी चीज जमीन से नहीं शुरू करेंगे क्योंकि खुद उनके पाँव जमीन पर नहीं हैं। इतना ही नहीं, वे विद्रोह और लालच दोनों को साथ लेकर चलते हैं। विद्रोह की यह लालच देखो, कब टूटती है ! अब ऐसे मौकों पर तुम्हें क्या

करना चाहिए, यह खुद निर्णय करो। बीड़ी पीते हो ?"

वे अपने कान के ऊपर से बीड़ी का एक टुकड़ा उठाते हैं और जलाते हैं, "अच्छा करते हो कि नहीं पीते !...लेकिन एक बात जरूर कहूँगा कि पढ़ो और खूब पढ़ो। किताबें नहीं, आदमी। किताबें भी पढ़ो लेकिन यह देखते हुए कि वे दुनिया और आदमी को समझने में कितनी मदद देती हैं !"

आन्दोलन की चर्चा के बावजूद हर तरफ शान्ति और सन्नाटा है। लोगों को लगता है कि मजा नहीं आ रहा है। मजा के लिए जरूरी है कि कुछ हो। 'कुछ' होने के लिए जरूरी है कि कोई कारण हो। कारण तो हवा में होता नहीं, वह या तो सरकार के पास है या अधिकारियों के पास। गरीबी कोई कारण नहीं है क्योंकि वह आज की नहीं है। यही नहीं, गरीबी कोई उत्तेजना और गुस्सा नहीं पैदा करती। भुखमरी और सूखा भी है तो जनता की चीज है। रोज-रोज के कमती वेजेज़ भी मजदूरों की चीज हैं। नए-नए करों का लगना, चीजों की कीमतों का बढ़ना, भाड़ों का सवाया होना, रोजमर्रा की इस्तेमाल की चीजों का बाज़ार से अचानक गायब हो जाना, भ्रष्टाचारों और अपराधों और 'ब्लैक' का इफरात होना—ये मुश्किलें भी सबकी हैं। और सच कहिए तो लड़कों ने दुनिया-भर का ठेका थोड़े ही ले रखा है!

'कारण के नाम पर खुद उनके पास क्या है? यह

समस्या लड़कों के आगे काफी दिनों से फाँसी के फन्दे की तरह लटकी हुई है।'

सही कारण की खोज में उनकी परेशानी बढ़ती जा रही है। 'क्या यह साल यूँ ही गुजर जाएगा'—वे बार-बार सोचते हैं और वरिष्ठ प्राध्यापकों के पास दौड़ते हैं। वे लोग बताते हैं कि अगर बमचख ही मचाना हो तो सैकड़ों बातें हैं—नियुक्तियों में धाँधलियाँ हो रही हैं; परीक्षा में बेईमानियाँ हो रही हैं; अधिकारी तानाशाह हो गए हैं; क्लर्कों का मन बढ़ गया है, चपरासी सुन नहीं रहे हैं, अपना संघ बना रहे हैं...लड़के बेचैन हैं और इधर-उधर भटक रहे हैं। उन्हें बार-बार लग रहा है कि आठ साल बाद जब हमारे हाथ यूनियन वापस आई है तो कुछ हो जाना चाहिए। वे रह-रहकर कसमसा रहे हैं।

मुझसे एक नेता—जिनका सात-आठ लड़कों के बीच माइक पर बोलने का शौक पूरा हो चुका है और जो उनके बीच सफल वक्ता और दिमागदार नेता के रूप में जाने जाते हैं—फाटक के ब.हर सड़क पर मिलते हैं।

"कहिए, यहाँ क्या कर रहे हैं ?" मैं पूछता हूँ।

वे मुझ पर व्यंग्य करते हैं, "खुराफात ढूँढ़ रहा हूँ।"

"क्यों, अबकी तो शान्ति के आसार हैं ?"

वे बड़ी ही अवहेलना और दुख से सुनाते हैं, "देखिए, कब तक है !"

उन्हें लगता है कि मैं यह सवाल करके उनके अस्तित्व पर शक कर रहा हूँ।

हफ्ते-भर से नेताओं की बैठकें हो रही हैं। नेताओं के एक गुट की राय है कि कुछ शुरू किया जाए ! और नहीं तो संस्था में फैले हुए भ्रष्टाचार को ही लेकर शुरू किया जाना चाहिए। लेकिन दूसरा दल इसके खिलाफ है। उसका कहना है कि जब 'पावर हाउस' ही खराब हो तो अपने कमरे में रोशनी की उम्मीद करना बेमानी है। आप

अधिक-से-अधिक अपने मीटर के 'फ्यूज' को ठीक कर सकते हैं लेकिन उससे क्या होगा ? गड़बड़ी तो दूसरी जगहों पर है और वह अपने बस के बाहर की है। और सवाल भी तो कोई ऐसा होना चाहिए जो सीधे लोगों के दिल और दिमाग में उतर जाए। वे चाहें, न चाहें, लेकिन इसमें कूद पड़ने के लिए लाचार हो जाएँ। सिवा अपने को उठाकर हुजूम में फेंक देने के और कोई चारा न रह जाए।

और ऐसे सवालों के लिए उन्हें बहुत नहीं भटकना पड़ता है। लोक सभा के आगामी अधिवेशन में भाषा-विधेयक आनेवाला है। भाषा—अंग्रेजी भाषा। किसी भी मुल्क की राजकाज की भाषा हमेशा शासक वर्ग की भाषा रहती आई है और यह अंग्रेजी—जब अंग्रेजी साम्राज्य अपने मुल्क से खत्म हो चुका है तो फिर उसकी भाषा क्यों ? देशी राज में विदेशी जबान क्यों ? क्या अब भी विदेशी हुकूमत है ? जनता अपनी भाषा बोले और शासन अपनी—जनतन्त्र का इससे बढ़िया मजाक और क्या हो सकता है ? यों जनतन्त्र के और भी मजाक हैं—एक-दूसरे से बढ़ चढ़कर। लेकिन रुको। इसके खिलाफ जेहाद छेड़ना ही होगा। आन्दोलन ! हाँ, भाषा के खिलाफ आन्दोलन !

"मूर्खता है। भाषा के सवाल से सरकारी नौकरियों के सिवा और कोई सवाल नहीं बँधा है। इन बातों से कुछ भी हासिल नहीं होने का।" नेताओं का एक दल एतराज करता है।

"आप जैसा सोचें लेकिन आनेवाले महीने, हमारा मतलब है मौसम...जी हाँ, यह एक अहम सवाल हो सकता है। ऐसा जैसा हम चाहते हैं—शुरुआत के लिए।"

"मगर यह व्यवस्था द्वारा उछाला हुआ सवाल है। आम आदमी को इससे क्या लेना-देना ? हम अपने को इस प्रश्न का शिकार क्यों बनाएँ ?"

"भाई, जिसे आप आम आदमी कह रहे हैं न, वह तो

मजा है, लुत्फ है। अगर हमारे हाथ में लुकाठी आ जाए और मैं कहीं आग लगाने चल पड़ूँ तो वह आग लगाने में हमारे साथ हो लेगा। और कोई दूसरा आकर उसे बुझाने लगे तो बुझाने में भी वह उसके साथ हो लेगा। इसलिए उसकी बात को बन्द कीजिए...”

“आप किस शताब्दी में जी रहे हैं श्रीमानजी, और अव्वल तो आप जो बात कह रहे हैं, वह उसके-हमारे दुश्मन कहते हैं।” एक दुबला-पतला और चमकती आँखोंवाला लड़का बीच में टोकता है।

“बेशक ! जानवर तक अपना फायदा-नुकसान जानते हैं और आप आदमी की बात कर रहे हैं। आप उसे मूर्ख कह रहे हैं, उसका अपमान कर रहे हैं...”

छात्रसंघ-भवन का हॉल जो लड़कों से खचाखच भरा है, अचानक शोर-शराबे से हिल उठता है। जिस संसदीय प्रणाली से लड़कों ने विचार शुरू किया था, वह टूट जाती है और लोग एक-दूसरे से बौखलाए हुए जूझने लगते हैं। फिर किसी तरह से सारे लोग शान्त किए जाते हैं और एक लड़का कुर्सी पर खड़ा होता है, ‘भाइयो, हम सिर्फ इतना जानते हैं कि समूचा मुल्क घास-फूस का बना है और हमें बस शुरू करने की देर है। और देखते-देखते यह आग...’

“न, चुप रहिए। कृपया बैठ जाइए।...मिस्टर लाल ! आपका क्या खयाल है ?”

लाल साहब बैठक के शुरू से ही एक कोने में बैठे हुए कोई पत्रिका उलट-पुलट रहे थे। यह उनकी खास आदत है। सब जानते हैं कि जब वे किसी बात को नापसन्द करते हैं या उससे असहमत रहते हैं तो अपनी राय इस तरह की उपेक्षा से जाहिर करते हैं। वे अब तक की हर बैठक में शामिल रहते आए हैं लेकिन चुपचाप बैठे रहे हैं। रूखे बाल, उभरी हड्डियोंवाला पतला लम्बा चेहरा, हँसिया की बेंट-जैसी लम्बी नाक और नुकीली दाढ़ी। वे सिर उठाकर कुतूहल से

पूरे हॉल पर नजर डालते हैं फिर अपनी आँखें उस युवक पर जमा देते हैं, जैसे पूछ रहे हों—क्या सचमुच तुम मुझसे सुनना चाहते हो ?

"आपने पूछा है तो मैं कुछ बुनियादी बातें जानना चाहूँगा।" वे अपनी जगह खड़े होते हैं और लोगों के कान उनकी आवाज के लिए चौकन्ना हो जाते हैं, "पहली यह कि इन बैठकों के बीच-बीच में जो रोज समोसे, चाय, सिगरेट, पान वगैरह के दौर चलते रहते हैं, वे किसके पैसे से ? जो मुझे जानकारी है, वे छात्रसंघ के पैसे नहीं हैं—यह अच्छी बात नहीं है। होनी भी नहीं चाहिए। मैं यह भी समझता हूँ कि हममें से किसी की हैसियत नहीं है कि वह इतने लोगों को इस तरह खिला-पिला सके। अगर कोई है और हमारे ही बीच का है तो मैं जानना चाहूँगा कि वह किस बूते पर और क्यों ऐसा कर रहा है ? कहीं ऐसा तो नहीं कि जो आपका खर्च चला रहा है, वही आपको यह सवाल भी दे रहा है ?

"दूसरी बात यह कि भाषा तो सब बोल रहे हैं लेकिन रोटियाँ सब नहीं खा रहे हैं। भाषा—कोई-न-कोई भाषा सबके पास है लेकिन कपड़े-लत्ते-मकान-सुख-चैन सबके पास नहीं हैं। इसलिए मेरा कहना है कि यह पहला और अहम सवाल नहीं है। और फिलहाल—जब हमारी, देश की हालत यह हो तो—इस मसले पर हाय-तौबा मचाना केवल यह जाहिर करना है कि लोगो ! अब हमारी भी यूनियन है और हम मनचाहा आन्दोलन कर सकते हैं। लोगो, हमसे डरो और हो सके तो हमें भी अपनी किसी हिकमत में शामिल कर लो।

"तीसरी यह कि आन्दोलन के लिए क्यों न हम उन समस्याओं को लें जिनकी जड़ें गहरी और दूर-दूर तक हैं ? चूँकि इस देश में सदियों तक विदेशी शासन रहा है इसलिए ढेर सारी समस्याएँ हमारी आदत—हमारा स्वभाव बन चुकी

हैं। लोग भूल गए हैं कि गरीबी और फटेहाली भी एतराज की चीज हो सकती है। आजादी क्या चीज है ? लोग, लोग क्या, हमीं अब तक नहीं जान सके हैं। मुस्कुराहट—हँसी, जी हाँ, लोग खुले दिल से मुस्कुराना और हँसना तक भूल गए हैं। कम-से-कम उन्हें इतना तो बताएँ ही कि भाईजान ! आपकी यह हालत क्यों है ? उनके सामने एक सुखद भविष्य—जिसकी वे कल्पना तक नहीं कर सके हैं—की तस्वीर रखें जिससे वे अपनी मौजूदा हालत का मिलान कर सकें। साथ ही उन्हें यह भी बताएँ कि वे यह उम्मीद करना छोड़ दें कि कभी कोई आएगा और उनकी सुख-सुविधाओं का इन्तजाम कर जाएगा। ऐसा नहीं है, ऐसा नहीं होता। और अन्त में उन्हें यह भी बताने की जरूरत है कि उनकी मौजूदा हालत स्थायी नहीं है, उसे खत्म किया जा सकता है, किया जाना चाहिए और करो। हम, तुम, सब मिलकर करें।

"आखिरी बात यह कि खाते वह हैं जिन्हें भूख लगती है। आन्दोलन वह करते हैं जिन्हें गरज होती है और यहाँ जिन्हें गरज है, वे चुप हैं।...और ऐसे मसले पर आन्दोलन तो एक तरह की मोटमर्दी..."

"चोप !" कोई चीखता है और फिर हंगामा खड़ा हो जाता है। लाल साहब चुपचाप खड़े रहते हैं फिर हवा में यों ही हाथ हिलाते हैं, मुस्कुराते हुए अर्थात् जैसी मर्जी। दूसरे छोर से कुछ लड़के उत्तेजना में मेज पीटते हैं, "बहुत हो चुका। बकवास बन्द करो। हमें भाषण नहीं चाहिए। हम करना चाहते हैं—कुछ भी। यह ऊब, एकरसता खत्म होनी चाहिए। हम शुरू करेंगे—कल से ही शुरू करेंगे। अब इससे ज्यादा सब्र नहीं किया जा सकता। हम इन्तज़ार करते-करते थक चुके हैं। चलो भई, कल..."

चारदीवारी से बाहर एक चौड़ी कँकरीली सड़क। सड़क के किनारे-किनारे दूर तक फैले हुए खेत। बरसों के बाद अबकी धरती इस कदर खुश है—खुशहाल है। वह गा रही है—हौले-हौले। वह अँगड़ाइयाँ ले रही है, अपने आँचल उड़ा रही है, गाँव के ग्वैड़े तक जा रही है लेकिन उसके आगे नहीं, जैसे लजा रही हो!

एक बूढ़ा—जिसकी आँखें बुझी और खाली हैं लेकिन लहराते आँचल को देखकर चमक उठी हैं—मचिया से उठ खड़ा होता है और सहसा खुशी से टिकोरी मारता है।

"कहो राजू, कैसी लग रही हूँ?" जैसे कोई चढ़ती उम्र की अल्हड़ युवती किसी मनसेधू से चुहल करे!

"बुजार! दूर ही दूर से? ज़रा हत्थे तो चढ़ो।" और वह अपनी आँखों पर हथेली से छाया किए शरारत से मुस्कुरा उठे।

धरती बल खाती है और खुले नीले आसमान में चमकते

सूरज की ओर इशारा करती है—न, अभी नहीं।

रात में चाँद आसमान से नहीं, फसलों से निकलता है। या जहाँ कहीं से निकलता हो, वह आकर मेंड़ों पर लेट जाता है और हरियाली पर चहल-कदमी करने लगता है—एक क्यारी से दूसरी क्यारी, एक खेत से दूसरे खेत। हवा आती है और उसे जौ, गेहूँ, मटर, सरसों और चने के टप्पों के ऊपर गेंद की तरह उछालने लगती है। हवा चाँद से खेलती है और बूढ़ा गाँव अलाव की गरमी में मोढ़े पर बैठा कान में उँगली डाले गा रहा है—हे बालमा, तुम बहुत खट चुके। और हाय, तुमने कितना पसीना बहाया, तुम्हारी यह क्या हालत हो गई ? तुम्हारी आँखें जल क्यों रही हैं ? तुम्हारा मुखड़ा आग क्यों हो रहा है ? तुम्हारे पैरों की ये बिवाइयाँ, हथेली के ये घट्ठे, तुम्हारी ये बेजान थरथराती टाँगें...हे बालमा, ज़रा इधर तो आना ! यह देखो, मैं क्या-क्या लाई हूँ ? यह डाली-भर दाना, लोटे-भर पानी ! अब बोलो ! अब तो खुश हो ? न, वहाँ नहीं, यहाँ मेरी झुलनी के नीचे। हे गोरिया !

बूढ़ा भी लजाता है—लजा सकता है। अभी उम्र ही क्या है ? तीस-पैंतीस की उम्र कहीं बुढ़ापे की उम्र होती है ? बुढ़ापे की ऐसी-तैसी !

लेकिन इस समय ज्वान अपनी मेंड़ पर खड़े हैं। वे तहस-नहस फसलों की ओर देख रहे हैं जिनमें से अभी-अभी आठ-दस हजार लड़कों का जुलूस गुजरा है। जुलूस क्या, एक अन्धड़। मटर की सारी फसल उनके पैरों और हाथों के साथ चली गई है। जो रह गई है, वह लेट गई है।

जुलूस काफी उत्तेजना में था—भयानक ! लड़कों की जेबें ईंट और पत्थरों से भरी थीं। उनके हाथ में डंडे और लोहे के छड़ थे। वे अपने से टकरानेवालों को चूर-चूर करने पर आमादा थे। सरकार और सरकार की भाषा के खिलाफ

उनमें गुस्सा था। वे चिंघाड़ रहे थे और उनके नारों का शोर धरती और आकाश को दहला रहा था—

—छात्र-एकता !
—जिन्दाबाद !!
—अंग्रेज चले गए !
—अंग्रेजी भी जाएगी !!

उनके हाथ में तने बाँस के फट्ठों में लगी हुई अनगिनत दफ्तियाँ जैसे सूर्य को धमकी दे रही थीं।

जुलूस के आगे-आगे एक पुतला था—अंग्रेजी का। बीच में एक दूसरा सजीव पुतला था—लड़का। उसका चेहरा कालिख से पुता था और वह ब्लाउज और स्कर्ट पहनकर मेम साहब बना था यानी अंग्रेजी। पुतलों के आगे-पीछे कुछ नौजवान चुस्त कमीज और पतलून पहने नाच रहे थे। उनकी पतली टाँगें नारे के संगीत पर थिरक रही थीं—

—अंग्रेजी
—हाय-हाय !
—जोर से बोलो,
—हाय-हाय !
—भई, ठीक से बोलो,
—हाय-हाय !!

उनकी कमरें बार-बार बल खा रही थीं और वे होश-हवास खोए नाचते और चीखते जा रहे थे।

'वाह ! ये कितने गुस्सा हैं ?'

'हाय ! ये कितना अच्छा नाचते हैं ?'

भोंपुओं की आवाज के नीचे दबा जुलूस का गवाह एक साथ 'वाह' और 'हाय' कर बैठता था। ज्चान की आँखों में बाढ़ का वह दृश्य तैर जाता है जब पानी उनके मकान की नींव काट रहा था और यही लड़के पानी के खिलाफ सहन के आगे दीवार खड़ी कर रहे थे और पानी उलीच रहे थे। उन्होंने चन्दे वसूल करके उनके लिए हफ्ते-भर के राशन की

व्यवस्था की थी। यही लड़के, अच्छे लड़के...

ज्वान मेंड़ पर बैठे हैं और धीरे-धीरे खेत पर (अपनी पीठ पर ?) लाठी पटक रहे हैं। उनकी आँखों के आगे धूल उड़ रही है। उनके जबड़े भिंचे हैं। उनका पूरा बदन थरथरा रहा है, जैसे कई दिनों से उनके पेट में अनाज का दाना न गया हो ! रह-रहकर उनकी नजर चारदीवारी पर जाती है—सालो ! हरामखोरो !

उनके कानों में दूर से भाषण की आवाज आ रही है—'साथियो ! अभी-अभी मेरे दोस्त ने कहा कि हम ईंट का जवाब पत्थर से देंगे। हम किसी की तानाशाही बर्दाश्त नहीं करेंगे। अगर किसी ने हमारे रास्ते में आने की हिम्मत की तो उसकी धज्जियाँ उड़ा दी जाएँगी। अब अत्याचार और मनमानी के दिन गए। हम जलियाँवाले बाग की कुर्बानी नहीं भूले हैं और न भगत और आजाद के हौसले ही। कौन है वह और किसका साहस है जो हमारी सचाई और जुनून के आगे टिक सके ?...'

तालियों की गड़गड़ाहट से कान बहरे हो जाते हैं, कुछ देर तक कुछ सुनाई नहीं पड़ता। लेकिन भाषण जारी है...

ज्वान लाठी पीट रहे हैं और अपनी भाषा के बारे में सोच रहे हैं—फसलों की भाषा, जिन्दा रहने की भाषा। हे बबुआ ! अगर तुम्हें हमारी भाषा को अपनी लातों से रौंदना ही है तो तुम अंग्रेजी बोलो या हिन्दी, हमारे लिए दोनों बराबर हैं। तुम साम्राज्यवाद की भाषा से नफरत करो, यह तो समझ में आता है लेकिन हम तो यह देखेंगे कि तुम हमारी भाषा से क्या करते हो ? क्या करते हो मेरी भाषा से ?

मैं मैले-कुचैले कपड़ों में तुम्हारे बगल से गुजरता हूँ और तुम अपनी नाक पर रूमाल रख लेते हो, मैं रेल के डिब्बे में घुसना चाहता हूँ और तुम मेरे लिए दरवाजे बन्द कर देते हो, मैं तुम्हारी बगल में थोड़ी-सी जगह माँगता हूँ और तुम बर्थ

के नीचे का फर्श दिखा देते हो, मैं तुम्हें एक मिनट रोककर अपने पहुँचने का ठिकाना पूछता हूँ और तुम कन्नी काट जाना चाहते हो...और कहते हो—हमसे जो भी टकराएगा, चूर-चूर हो जाएगा। क्या मतलब है इस 'जो' का ?

शाम को ज्वान मेरे घर आते हैं।

उनका चेहरा तमतमाया हुआ है। मूँछें गुस्से में फरफरा रही हैं। पुतलियाँ सिकुड़कर छोटी हो गई हैं। अपने नाटे-कद में वे फुदकते-से लग रहे हैं। उन्होंने धोती खुँटिया रखी है, जैसे सीधे समर में जाना हो ! वे मुझसे आँखें नहीं मिलाते, चुपचाप बैठ जाते हैं।

आते ही वे चार गिलास पानी पीते हैं और लम्बी साँस लेकर कहते हैं, "सुनो, ये लड़के तो अपने हैं न ?"

"क्यों ?"

"न, अपने नहीं हैं। अपना होने का उनमें कोई लक्षण नहीं है।"

"ऐसी क्या बात हो गई ?"

"ऐसी बात है। हमारी और उनकी भाषा अलग है। वे हमें नहीं समझते। कहीं से भी हमसे मेल नहीं खाते—न कपड़ों में, न रहन-सहन में, न तौर-तरीकों में, न खान-पान में। हमारी भाषा हमारे खेत हैं, हमारी मेहनत, गाढ़ी कमाई, और उनकी भाषा है मौज-मस्ती। हमारी भाषा उनके लिए खिलवाड़ है, मनोरंजन है और सुनो, मैं तुमसे कहे देता हूँ—मैं उन्हें बगैर मारे नहीं छोड़ूँगा।"

उसके बाद वे हकलाने लगते हैं, पैर पटकते हैं और बार-बार अपनी जाँघ पर मुक्का मारते हैं। उन्हें ठेस लगी है। वे तय नहीं कर पाते कि आपके मसले पर अपने को कहाँ रखा जाए ! आप उन्हें मुश्किलों में मदद भी पहुँचाते हैं और उनका नुकसान भी कर बैठते हैं ! आप जानते हैं कि आपमें से ज्यादातर उन्हीं के लड़के हैं और इसलिए भी कि अनाज आसमान या बैंक से नहीं टपकता और आपने

उनके पेट पर लात मारी है...

ज्वान कहते हैं कि हम उनके हैं—

—उनके कपड़े-लत्ते हैं।

—दाना-पानी हैं।

—किताब-कापी हैं।

—हाथ-पाँव हैं।

—वारंट के दिनों के तहखाना हैं, जमानत हैं, जुर्माना हैं, सब कुछ हैं और वे ही हमारे गले पर चाकू हो रहे हैं, हम उन्हें बचाव के लिए खड़ी फसल देते हैं और वे जब निकलते हैं तो उसमें दियासलाई घिस जाते हैं।

ज्वान की आँखें डबडबा आती हैं और उन्हीं भरी आँखों से दाँतों के बीच मूँछों के किनारे दबाए हुए मुझे घूरते हैं—आखिर आप यह तो बताओ कि चाहते क्या हो ? तुम्हें तो यह तक नहीं मालूम कि तुम्हारा असली दुश्मन कौन है ? आप तो खुद ही अपनी 'उसमें' डंडा कर रहे हो !

वे सिर को झटका देते हैं और आँखें साफ करते हैं, "लेकिन प्रोफेसर ! मैं उन्हें ऐसे नहीं छोड़ूँगा। मारूँगा जरूर !"

अब बताओ साहब, मैं ज्वान का क्या करूँ ?

सच कहो तो मैं खुद ही दिन-ब-दिन उलझता जा रहा हूँ। कभी-कभी तो लगता है, जैसे मैं एकदम खाली हूँ। मेरी ही समझ में नहीं आता कि आपके असन्तोष का कारण क्या है ? आपके आन्दोलन का उद्‌देश्य क्या है ? आपके इरादे क्या हैं ? मैं जब भी देखता हूँ—मुझे या आम आदमी को आपकी सिर्फ मस्ती-भरी जिन्दगी ही दिखाई पड़ती है। वही चमक-दमक, वही ठहाके, वही सीटियाँ, वही सफेदपोशी। जैसे पाँच मील लम्बा-चौड़ा एक विशाल 'स्वीमिंग पुल' हो और उसमें रंगरेलियाँ मनाई जा रही हों ! शहर की सड़कों से आँखें छतों और खिड़कियों पर हों और गले नारे मार रहे हों ! आपके जीवन के अन्दर जो कठिन संघर्ष है,

मुसीबतें हैं, घर की घुटन और आगे का अँधेरा है, वह क्यों नजर नहीं आता ?

इसके बावजूद ज्ञान बेचैन होते हैं, आपके खिलाफ होते हैं तो मैं उनसे बहस करता हूँ, आपके प्रति उनके भीतर हमदर्दी पैदा करने की कोशिश करता हूँ लेकिन सब झूठ। अचानक मुझे लगता है कि आपके पक्ष में बोलने के लिए मेरे.पास कुछ भी नहीं हे। आपकी हिमायत के लिए मेरे पास कोई ठोस और सचमुच का—जिसे मैं अपनी आत्मा से स्वीकार कर सकूँ—आधार नहीं है।

और तब मेरे भाई, सच मानो ! मुझ पर जैसे बिजली आ गिरती है। लगता है, जैसे मैं वर्षों से बीमार हूँ। कभी-कभी तो दिल में ऐसी हूक उठती है कि बस ! मैं दरवाजे बन्द करके छत पर जा बैठता हूँ और खाली आँखों चुपचाप सोई इमारतों को ताका करता हूँ...

दूसरे रोज पूरा शहर सरगर्म हो उठता है।

शहर ने छात्रों का इतना बड़ा जुलूस नहीं देखा था। सभी विश्वविद्यालयों, महाविद्यालयों और स्कूलों के लड़कों का तीन फर्लांग का लम्बा जुलूस ! रोंगटे खड़ा कर देनेवाला, दिल हिला देनेवाला ! जैसे कह रहा हो कि लोगो ! फुटपाथों, खिड़कियों, दरवाजों और बारजों पर आओ और देखो अपने लड़कों की ताकत, उनका एका और उनकी रहनुमाई। लड़कों के हाथों में बैनर हैं, तख्तियाँ हैं और सबसे बड़ी चीज है—समूचे शहर पर घटाओं की घिरती-घुमड़ती आवाजें...

जुलूस धीरे-धीरे आगे बढ़ रहा है, पुलिस के जवान पीछे हटते जा रहे हैं। जुलूस निकालने के पहले छात्र-नेताओं ने अधिकारियों और पुलिस अधिकारियों से बातें कर रखी थीं—जुलूस शान्तिपूर्ण तरीके से निकलेगा। कोई तोड़-फोड़ नहीं, कोई हरकत नहीं। कहीं कुछ भी होता है तो यह हमारी जिम्मेदारी।

जुलूस शान्त है—अपने वादे के मुताबिक अजब ढंग से शान्त। लड़के थक गए हैं। नारे लगाते-लगाते उनके गले फट गए हैं। पैर लड़खड़ा रहे हैं। वे पसीने-पसीने हो गए हैं। उनके कपड़े बदन से चिपक गए हैं। वे हाँफ रहे हैं लेकिन आसमान में सोलह हजार मुट्ठियाँ तन रही हैं—

—काला विधेयक !

—वापस लो !!

—भाषा विधेयक !

—हाय-हाय !!

—...

—मुर्दाबाद !!

जुलूस के संयम को गलत दिमागों और हाथों से बचाए रखने के लिए लड़कों की ही कई गश्ती टुकड़ियाँ हैं जो एक सिरे से दूसरे सिरे तक सक्रिय हैं। और जुलूस है कि मौज से धीरे-धीरे रेंग रहा है। एक कतार में पूरे दर्प के साथ चल रहे किसी शान्ति-उत्सव के समय के टैंकों की तरह लड़कों का यह संगठित और शान्तिपूर्ण जलसा पुलिस और जिलाधिकारियों के लिए चुनौती है।

लगभग एक ही उम्र के लड़कों का यह समूह एक चाल से जब बाजार की सड़कों पर उमड़ा तो दिल खुशी से नाच उठा, मन उसके साथ हो लेने के लिए बेताब हो उठा। जैसे कोई बढ़ियाई नदी की धारा के साथ बहे, उसमें समा जाना चाहे ! जैसे कोई जंगल हो जाना चाहे ! तबीयत बार-बार ललचा उठी। लगा, इनमें डर का नाम नहीं है, इनमें साहस हिलोरें मार रहा है ! धरती पर ऐसी कोई चीज नहीं है जो इनके लिए दुर्लभ हो, अजेय हो। वे सीधे-सच्चे और नेक-दिल इनसान अच्छी धरती और अच्छे इनसान का सपना लिये सड़क पर बतखों की तरह तैर रहे हैं।

जुलूस एक चौमुहानी पर पहुँचकर रुक जाता है। चौमुहानी के बगल में एक विशाल पकड़ी का पेड़ है जिसके

नीचे पी.ए.सी. के तीन-चार ट्रक, दो जीप, और एक वायरलैस गाड़ी है। सड़क–जिस पर जुलूस है–उस सड़क के एक तरफ लम्बा दूर तक फैला हुआ जुबली पार्क है जो भालों जैसे तेज दाँतोंवाले छड़ों से घिरा है और दूसरी तरफ बिना गलियोंवाली ऊँची-ऊँची इमारतें। पुलिस अधिकारी नेताओं से कहते हैं, "जुलूस आगे नहीं जाएगा।"

वे भोंपू से समुद्र को हुक्म देते हैं, "यहाँ से वापस लौट जाओ !"

"ठीक है ! हम निर्णय के लिए पाँच मिनट का वक्त चाहते हैं।"

जुलूस की अगली कतार का नेता कहता है, "भाइयो, आप जहाँ हैं, वहीं बैठ जाएँ। अभी पुलिस अधिकारियों से हमारी बातचीत चल रही है। हाँ, खबरदार ! अपनी तरफ से कोई हरकत न हो !"

सारे लड़के पार्क और इमारतों के बीच सड़क पर जहाँ-के-तहाँ बैठ जाते हैं। पिछली कतार के लड़कों को पता नहीं है कि आगे पी.ए.सी. के जवान लाठियों, राइफलों और लोहे के टोपों के साथ मोर्चा सँभाले हैं। अगले लड़कों को भी यह आभास नहीं है कि पीछे किसी रास्ते होकर जवानों का भारी दस्ता मार्च करता आ पहुँचा है। केवल बीच के लोग देख रहे हैं कि दोनों पटरियों पर जनता की सुरक्षा के नाम पर जवान टिन की टोप के नीचे लाठियों पर अपनी ठोढ़ी टिकाए चुपचाप खड़े हैं।

रह गई हरकत, तो अपनी तरफ से हरकत का सवाल ही नहीं है। न तो लड़कों की तरफ से कोई तैयारी है और न इस तरह का उनका कोई इरादा रहा है। वे एक अजीब किस्म के आतंक और आशंका में बैठ तो गए हैं लेकिन उन्हें लग रहा है कि आज कुछ होगा जरूर !

जुलूस में मेरी हैसियत एक तमाशबीन की थी। मैं चाहते हुए भी जुलूस का हिस्सा नहीं हो सकता था और न ही

चाहते हुए भी उससे अलग रह सकता था। जवानों से घिरे हुए जुलूस के नारे मेरे भीतर हिलोरें मार रहे थे और मैं पार्क की तरफ पटरी पर खड़ा था।

जुलूस के बीच में एक नेता रिक्शे पर आता है और माइक हाथ में लेता है, "साथियो ! ठीक है, हम आगे नहीं जाएँगे लेकिन यहीं सभा करेंगे...।"

इसी बीच अचानक आगे-पीछे से आँसू गैस के गोले फट-फट की आवाज के साथ गिरना शुरू होते हैं। माइक से आवाज आती है, "नहीं नहीं, यह गलत है—सरासर गलत ! अभी हमारी बातें चल रही हैं। बन्द कर दो यह सब ! यह कायरता है। इसका जवाब..." लेकिन इसी समय रिक्शे पर धुआँ उठना शुरू होता है और आवाज बन्द हो जाती है। लड़कों ने आँसू गैस के गोलों को पहली बार देखा था। उन्हें लगा कि ये हथगोले हैं।

लड़कों में भगदड़ मच जाती है। सारा वातावरण दमघोंट कुहासों से भर जाता है। आगे गोलियाँ चलने की आवाज होती है जो उन्हें और भी आतंकित कर देती है। लड़के अभी भागने का निश्चय भी न कर पाए थे कि चारों तरफ लाठियों की तड़तड़ शुरू हो जाती है। मैं बेतहाशा अपनी बाईं तरफ भागता हूँ कि सामने से एक लाठी मेरे सिर पर पड़ती है और मैं चक्कर खाकर वहीं लुढ़क जाता हूँ। मैं जब तक उठूँ तब तक कई लड़के भहराकर मुझ पर आ गिरते हैं। मैं अपने ऊपर के लड़कों पर लाठियों की ठाँय-ठाँय सुनता रहता हूँ और सरककर पार्क की छड़ों के पार उछल जाने के मंसूबे बाँधता रहता हूँ। मुझे ध्यान नहीं कि मेरे चारों ओर कितने जवान लाठियाँ बरसा रहे थे।

एक बार तो मेरी साँस घुटने लगी थी। लगा कि जान गई। लेकिन ऐन इसी वक्त मेरे ऊपर से लोग लटपटाते हुए लुढ़कते हैं और मैं उछलता हूँ। मैंने अपनी पूरी ताकत लगाई थी लेकिन छड़ों के भालों पर टँग गया। चारों तरफ कुहराम

मचा हुआ था और मेरे होश ही उड़ गए थे। इतना याद था कि भाले का एक सिरा मेरी गदोरी से पार चला गया है और अब लुढ़ककर पार्क में गिरना मेरे लिए मुश्किल है। लेकिन कौन जानता था कि मेरे तलवों पर एक जोरदार लाठी पड़ेगी, मेरा पूरा शरीर झनझना उठेगा, फिर कोई पीछे से मेरे पैरों को ऊपर उठाते हुए आगे ठेल देगा और मैं एक गमले पर आ गिरूँगा।

मेरी कमीज भालों में ही फँसी रह गई थी और मैं नंगा था। कुछ देर तो मेरी समझ में ही नहीं आया और मैं बुत की तरह जहाँ-का-तहाँ पड़ा रहा। लेकिन फिर मुझे लगा कि कोई मेरे बालों में कराह-कराहकर उँगलियाँ चला रहा है। सहला रहा है। मैंने चौंककर जब सिर उठाया तो देखा कि मेरी ही तरह एक लड़का छड़ों में फँसा है—लेकिन वह मुझसे भी ज्यादा बुरा फँसा था। उसका धड़ पार्क के अन्दर आ गया था और भाले उसकी जाँघों में धँस गए थे। जैसे ही मैं उसकी सहायता के लिए उठता हूँ कि दो जवान भागते हुए तीन लड़कों का पीछा छोड़कर उसके कूल्हे और टाँगों पर लाठियाँ पटकने लगते हैं, जैसे वे ठोंक-ठोंककर लड़के को छड़ों में पहना देना चाह रहे हों !

मैं अपने भीतर एक अबूझ शक्ति और जोश अनुभव करता हूँ और पूरी ताकत से उसे अपने ऊपर खींच लेता हूँ। वह अपनी चिथड़ा हुई जाँघों के साथ मुझ पर गिर पड़ता है। मैं अपने को ठीक से बिठा भी नहीं पाता हूँ कि पार्क में चारों तरफ भागते-दौड़ते, चीखते-चिल्लाते, काँखते-कराहते लड़के हल्ला मचाते हुए नजर आते हैं—भागो ! भागो !

पार्क का फाटक तोड़कर दूसरी तरफ से पी.ए.सी. के जवान अन्दर चले आ रहे हैं। मैं उस लड़के को छोड़कर गिरता-पड़ता भागता हूँ। भागते हुए मैं अपने पीछे देखता हूँ—बीसों लड़के छड़ों पर टँगे हुए हैं और सड़कों पर जवान

बेरहमी से लड़कों की पिटाई कर रहे हैं। एक लड़के की तो बुरी हालत है। वह सड़क पर मुँह के बल गिरा है और चार-पाँच जवान उस पर लाठियाँ पटक रहे हैं। मैं पार्क के बाहर बरगद के पेड़ के पास एक रिक्शेवाले के गिराज के अन्दर चला जाता हूँ। अब तक जवान बरगद तक आ पहुँचे हैं और लड़कों को खदेड़ रहे हैं।

मैं खटिया खड़ी कर उस पर लेवा डाल देता हूँ और आड़ में लेट जाता हूँ। मेरा खुला सीना धौंकनी की तरह चल रहा है। मेरा पूरा शरीर भय और आतंक से थरथरा रहा है। मुझे लगता है कि उन्होंने मुझे गिराज के अन्दर आते देख लिया है और वे उधर से खाली होकर मुझे बाहर खींच निकालेंगे। लेकिन इसी बीच पिछवाड़े की गलियों से उन पर छिटपुट ढेले पड़ने लगते हैं और वे दुबककर भाग खड़े होते हैं।

मैं अब अपने शरीर पर नजर डालता हूँ। सीना और हाथ जगह-जगह से छिल गए हैं। हथेली से अब भी खून टपक रहा है और उँगलियाँ बेजान हो चली हैं। बायाँ पैर अभी तक झनझना रहा है और जमीन पर पूरा नहीं पड़ रहा है। माथे पर ढेबुक जैसा निकल आया है और तड़क रहा है। लेटने पर एक नए घाव से परिचय हो गया था जिसकी मुझे जानकारी नहीं थी। पीठ पर दाईं तरफ एक गुहिया उभर आई थी और चिलक पैदा कर रही थी।

मैं खटिया के सहारे खड़ा होकर पतलून सरकाता हूँ, अन्दर से लँगोट खोलता हूँ और रिक्शेवाले की मदद से हथेली बाँध देता हूँ।

चारों तरफ सन्नाटा मालूम होने पर गिराज से निकलता हूँ। सड़क पर सैकड़ों साइकिलें पड़ी हैं, कलमें, रुपए, रेजगारियाँ, कपड़ों के टुकड़े, रूमाल, चार-पाँच बेहोश और अधमरे लड़के, किताबें, कॉपियाँ, घड़ियाँ, कुछ रिक्शे उलट गए हैं और उनके अगल-बगल लाउडस्पीकर, माइक,

बैटरी...अधिकारियों की देख-रेख में कुछ जवान ये सामान बटोर रहे हैं और कुछ जगह-जगह खून के धब्बों पर धूल या पाउडर जैसी कोई चीज डाल रहे हैं।

मैं बरगद के तने की ओट में खड़ा-खड़ा यह सब देखता रहता हूँ और अन्दर-ही-अन्दर प्रतिहिंसा और गुस्से में खौलता रहता हूँ। शायद यह मेरी कमजोरी या थकान के कारण हो।

मैं वहाँ से लँगड़ाते हुए गिराज के बगलवाली गली पकड़ता हूँ। यह मुहल्ला दो सड़कों के बीच में है। कर्फ्यू का ऐलान दोनों सड़कों से हो रहा है। बीच की गलियों में अब भी पुलिस और लड़कों में छिटपुट लड़ाइयाँ चल रही हैं। काफी घुमाव के बाद जब मैं सड़क पार करता हूँ तो उसके दोनों किनारे पी.ए.सी. कर्फ्यू की तैयारी कर रही है।

सूरज डूब रहा है और मैं घर लौट रहा हूँ।

शहर में कर्फ्यू लगा है।

जनतन्त्र का कर्फ्यू क्या होता है, इसे शहर पहली बार देख रहा है।

जनतन्त्र की रक्षा के लिए कर्फ्यू जरूरी है, सड़क पर किसी को देखते ही गोली मार देने का आदेश जरूरी है। पन्द्रह मिनट के भीतर लंका से लेकर गोदौलिया तक की सारी दुकानें बन्द कर दी जाएँ...लोग सड़कों और फुटपाथों से अपने घर के अन्दर चले जाएँ...

जी हाँ, यह है एक गुर्राती और जबड़े चलाती आवाज... आप हमारे बच्चे हैं। हम आप ही के भाई-बन्द हैं। हमें आपसे कोई दुश्मनी नहीं। हम एक-दूसरे को समझने की कोशिश करें। साथ ही आप यह भी याद रखें कि आपमें से किसी ने कोई हरकत की तो सीधे भून दिया जाएगा... पी.ए.सी. के जवानों से भरी लारियाँ, तनी राइफलें, निर्जीव और भयानक चेहरे, चेहरे पर राइफल के घोड़े की तरह तनी

नाक, ओठों के बराबर फरफराती मूँछें जो भेड़िए की जीभ की तरह लपलपा रही हैं। इन राइफलों, लाठियों और मूँछों के व्यूह में धीरे-धीरे आगे सरकती एक अधिकारी की जीप जो कर्फ्यू की गम्भीरता का भोंपू पर ऐलान करती जा रही है—एक जरूरी सूचना ! देखते ही गोली मार दी जाएगी...

देखते-देखते सारी सड़क खाली ! दुकानें बन्द ! आतंकपूर्ण और थरथराता हुआ सन्नाटा जो शासन के बाड़े से निकालकर सीधे सड़क और गलियों में छोड़ दिया गया हो। हर पचीस गज की दूरी पर एक-एक जवान। कपड़े का कवच, लोहे की टोप और साथ में लाठी या राइफल। बूटों की ठक-ठक ! गश्ती लारियों और जीपों की घर्राहट। अचानक किसी ओर से भागते लड़कों का हजूम, लाठियों की तड़तड़ और कोई एक गुहार मचाती चीख !

जोश और डर से धड़कता एक हलका-सा स्वर कहता है, हाय, बिचारा गया !

और इधर-उधर दरयाफ्त कीजिए तो मालूम होगा कि जवान गिरोहों में गली-गली में घूम रहे हैं और घर के अन्दर घुस-घुसकर तुड़ाई कर रहे हैं।

क्यों कर रहे हैं ?

जनतन्त्र की खातिर !

आप जनतन्त्र का मतलब उस तरह नहीं समझेंगे तो इस तरह समझाया जाएगा और आपको समझना पड़ेगा। आप लड़के हैं तो लड़के की तरह रहिए। यह क्या कि एक आदमी खेत अगोरने की नीयत से खड़ा हो और आप उसमें मुँह मारे रहे हों। आप अपना पानी पीजिए और रास्ता लीजिए, दूसरे का पानी गन्दा करने का आपको क्या हक है ?

अचानक बाहर शोर होता है और कुछ लोग भागते हुए मेरे दरवाजे तक आते हैं और पल्लों को धक्के देकर कमरे

में घुस आते हैं। उन्होंने अपनी साँस थाम ली है। बाहर बूटों की आवाज सुनाई पड़ती है, फिर सबकुछ ठप-सा पड़ जाता है।

ये लड़के हैं और सब-के-सब घायल हैं। किसी की केहुनी फूट गई है, कोई भचक रहा है। दो लड़के ज्यादा परेशान हैं—एक की भौंह इतनी सूज गई है कि दाईं आँख लगभग मुँद रही है। दूसरे की बाँह कंधे से अलग होकर झूल रही है। वह दरवाजे तक जाकर झाँक आता है और गाली देते हुए कुर्सी पर बैठ जाता है। सबको अपने-अपने घर पहुँचने की पड़ी है जबकि आम रास्ते और गलियाँ एक तरह से बन्द हैं। उनमें से जिन्हें खोजवाँ या नवाबगंज जाना है, वे नदी का किनारा पकड़े विश्वविद्यालय की चारदीवारी के पीछे से छित्तूपुर जाएँ और जिन्हें रामापुरा या कमच्छा जाना हो, वे भी नदी के रास्ते चौक जाएँ। जबकि ये सभी थके और दुखी हैं।

"चाय तो पिएँगे आप लोग ?" मैं उनसे पूछता हूँ और वे कोई जवाब नहीं देते।

दरअसल उनके चेहरे पर खीज है, गुस्सा है, दुख है—जैसे वे धोखा खा गए हों, जैसे उनसे कुछ छिपाया गया हो, उन्हें सही-सही जानकारी न दी गई हो ! मैं उनसे बोलना-बतियाना चाहता हूँ लेकिन वे कुछ नहीं बोलते। बोलना ही नहीं चाहते। आखिर अब कहने-सुनने के लिए रह क्या गया था ? वे चुपचाप चाय पीते रहते हैं और मुझसे एक भी हर्फ बोले बिना उठकर चले जाते हैं।

मैं उन्हें दरवाजे तक छोड़ता हूँ। बाहर अँधेरा है, हवा चल रही है, पीपल के पत्ते बज रहे हैं जैसे रिमझिम-रिमझिम बारिश हो रही हो ! मुहल्ला इस कदर खामोश हो गया है कि सड़क पर पड़नेवाली फौजी बूटों की आवाज मेरे कानों में आ रही है। एक पिल्ला पत्तों की ओर मुँह उठाकर भूँक रहा है और लैम्पपोस्ट की रोशनी में जाकर बेचैनी से नाचने लगा है।

मेरी एड़ी सूज गई है। पड़ोस के एक कम्पाउंडर ने फिलहाल चलने-फिरने से मना कर दिया है। हाथ के बारे में उसका कहना है कि शायद उँगली काम न कर सके, फिर भी उसने टाँके लगाकर मरहम-पट्टी कर दी है। जैसे-जैसे अँधेरा बढ़ने लगा है, मेरी बेचैनी भी बढ़ रही है। लेकिन यह बेचैनी घावों और मार की नहीं है क्योंकि वे अधिक-से-अधिक शरीर को ही दुखा सकते थे।

बेचैनी लड़कों को मुहल्ले के लोगों को लेकर है। जिस समय लड़के पिट रहे थे, उस समय मुहल्ले के नागरिक अपने दरवाजे बन्द कर रहे थे और बारजे पर खड़े ताक रहे थे—गोया कोई तमाशा चल रहा हो ! कई ऐसी घटनाएँ देखने और सुनने को मिली थीं कि रूह काँप जाए। पुलिस से पीछा किया जाता एक लड़का जैसे ही एक घर में घुसा कि दो आदमियों ने धकियाकर उसे बाहर कर दिया और उठाकर सीढ़ियों के नीचे उनके आगे इस तरह डाल दिया, जैसे कुत्ते के आगे रोटी का टुकड़ा ! एक गली में तो दरवाजे पर खड़े तमाशबीनों ने पुलिस के आगे-आगे दो लड़कों को अपनी तरफ दौड़ते आते देखा था और झटपट किवाड़ बन्द कर लिए थे। इस तरह की ढेरों वारदातें और दूसरी तरफ गिराज में रिक्शेवाले की मेरे प्रति हमदर्दी !

ये बातें मेरे लिए बहुत उलझी हुई नहीं थीं और शायद परेशानी का कारण भी यही रहा हो। लड़कों ने दूसरों की परवाह करना—उनके हितों के लिए लड़ना—असल मुद्दे को अपनी लड़ाई का मकसद बनाना सीखा न था। वे सीखने को तैयार भी न थे और लड़कों के मसले पर अपने को किसी भी मुसीबत में डालना लोग बेवकूफी समझ रहे थे। जान रहे थे कि अग़र किन्हीं कारणों से हम किसी कानूनी कार्रवाई में फँस गए तो हम तो फँस गए और ये लड़के हमारे पास कभी झाँकने तक नहीं आएँगे। ये यहाँ से उड़े तो बस फुर्रर...

जैसे-जैसे मैं सोचता जाता हूँ—इस निष्कर्ष पर पहुँचता हूँ कि लड़कों और लोगों में कोई फर्क नहीं है। दोनों खाते-पीते लोग हैं और मुझे उनकी चिन्ता करने की कोई जरूरत नहीं है। लेकिन फिर लगता है कि मैं भी तो उसी वर्ग का हूँ और जब मैं इस आन्दोलन से असहमत हूँ तो मुझे इसमें पड़ने की क्या जरूरत थी ? लड़के मुझसे किसी तरह की सलाह नहीं माँगते; मैं भी उनके साथ नारे नहीं लगाता फिर उनके बगल से चलने का क्या तुक था, क्या तुक है ?

लेकिन नहीं, सोचने का यह ढंग गलत है। इस पर क्यों न इस तरह से सोचें—खैर, फिर सोचेंगे...।

रात को दस बजे लगा, मेरे दरवाजे के बाहर अँधेरे में कोई साँड़ की तरह हूँफ रहा है। कुछ देर आहट लेने के बाद मैं बाहर निकलता हूँ। सींखचों के बगल में पत्थर की बेंच पर बैठी एक आकृति नजर आती है। वह अपने पैर का मुद्धा रगड़ रही है और कपड़ों में अपना चेहरा छिपाए गालियाँ बक रही है।

"कौन ?" मैं दरवाजा खोलता हूँ।

"जल्दी करो !" ज्वान की आवाज।

वे कट्टी और धोती पहने हैं। उनके सिर और चेहरे पर मारकीन का एक गमछा है। वे लँगड़ाते हुए अन्दर आते हैं। उनकी आँखें शीशे की गोली की तरह चमक रही हैं और मूँछें ओठों के इधर-उधर बिखरी हुई हैं। मुझे देखते ही वे हँसना शुरू कर देते हैं और दुहरे होकर सोफे पर लेट जाते हैं, "तो यह बात है ! मैं जानता था कि तुम काफी ओजस्वी और रणबाँकुरे हो। बगैर डंडा खाए तुम्हें राहत नहीं

मिलेगी। आखिर बबुआन लोगों के चक्कर में तुम कैसे फँसे ?"

मैं चौकी पर लेट जाता हूँ।

वे बीड़ी सुलगाते हैं।

मैं उन्हें आँखों-देखी पार्क की घटना सुनाता हूँ।

'हूँ !' वे गम्भीर हो जाते हैं और काफी देर तक चुप रहते हैं, "क्या तुम्हें भी लगता है कि लड़कों का पिटना बेजा है ? हमें—कम-से-कम मुझे नहीं लगता। वे इसी लायक थे। मैंने उनके नेताओं से कहा था कि भाई, जब चल रहे हो तो तैयार होकर चलो। और नहीं तो एहतियात के तौर पर अपनी जेबों और गमछों में ईंट और पत्थर भर लो, लेकिन वे काहे को सुनें ? उनके लिए तो मिसाल हैं बड़े-बड़े नेता जिनके लिए गिरफ्तारियाँ मिठाइयाँ हैं। इनके लिए आन्दोलन का सबसे आरामदेह उपाय है—अपने को गिरफ़्तार करा देना, अपने को पुलिस के हाथों सौंप देना। इससे विज्ञापन भी होगा और सुरक्षा भी रहेगी। कौन हाथ-पैर तुड़वाने जाए ? हाँ, है यह लेकिन इससे केवल चुनाव में सीटें जीती जा सकती हैं—और वह भी तभी तक जब तक लोग नासमझ और मूर्ख हैं।...तुम? तुम्हें ज्यादा चोट तो नहीं आई है ?"

"हाथ में ज्यादा तकलीफ है।"

"तुम्हें पीछे होना चाहिए था—मेरी तरह। पीछे से भागने में ज्यादा सुविधा होती है। मैंने तो—जब मैंने लंका पर ही जुलूस को रास्ता देते और ट्रकों में भरकर पी.ए.सी. को भागते देखा तो मेरा माथा ठनका। मैंने समझ लिया कि आसार बुरे हैं, वे पहले से निश्चित किसी मुकाम पर जुलूस को ले आना चाहते हैं। और उन्होंने वही किया। ऐसे भी सोचने की बात थी कि जब पी.ए.सी. अपनी पूरी तैयारी में है तो फूल नहीं बरसाएगी !"

"बेमतलब बक-बक मत करो।"

"इसमें नाराज होने की कौन-सी बात है ! अगर गलत है तो मार में उनकी बेरहमी; लेकिन वे इसी की तनख्वाह पाते हैं। मैं तो सोचता हूँ, कहीं यह जुलूस लड़कों का न होकर आम आदमियों का रहा होता। असल में लड़कों की ठुकाई से तो कुछ होगा नहीं। लड़कों की हालत उन पिल्लों जैसी है, जिनकी आँखें ही नहीं खुली हैं और जो रोशनी में भी इधर-उधर टटोल रहे हैं लेकिन जनता ? उनके हाथ, पाँव, पेट, आँख—सब हैं, खोपड़ा ही नहीं है। और अत्याचार इस बात को जानता है और काफी चालाक है। वह हर बार अपने लिए टेढ़े-मेढ़े और घुमावदार रास्ते चुनता है ताकि जनता उसकी कन्दराओं का पता न पा सके। यही नहीं, वह उसके निकट आकर अपना रूप भी बदल लेता है—पैसा। आम आदमी उसे पैसे के रूप में देखता है। मगर वह उसके दाँतों से टकराए न; तो उसे कुछ पता चले। भीड़-भाड़ या जलसे में जो पिटते हैं न; वे भी जनता नहीं, उसके रहनुमा हैं। और देखो, इससे कुछ होता-जाता नहीं। मार जनता पर ही पड़नी चाहिए, उसे बुरी तरह झिंझोड़ा और नोचा-खसोटा जाना चाहिए। उसमें आत्मा जैसी कोई चीज नहीं रह गई है, चोट उसके शरीर पर होनी चाहिए। वही उसकी आत्मा है..."

मैं ज्वान को जनता के बारे में बताता हूँ कि किस तरह लड़के पिट रहे थे और लोग बारजे या छत पर खड़े होकर तमाशा देख रहे थे।

वे देर तक मूँछें ऐंठते रहते हैं, "तुम उन लड़कों की तरफ से बातें कर रहे हो जो जाहिल, निकम्मे, निठल्ले और कामचोर हैं, जिनके लिए काम करना मानो सजा है, जिनके लिए लड़कियाँ ही ओढ़ना-बिछौना हैं, जो भाषण देते हैं या सड़क पर चलते हैं या जुलूस निकालते हैं तो लड़कियों को दिखाने के लिए ! जिनकी हौंस बँगला, अफसरी, मोटर-कार, नौकर-चाकर, आरामतलबी और मौजमस्ती है ! जिनका

काम ही है उन चीजों को बिना सोचे-समझे नष्ट-भ्रष्ट कर देना जिन्हें आदमी दिन-रात खून-पसीना एक करके बनाता है; जो अपने गँवार बाप को तो बाबू कहने में हिचकिचाते हैं लेकिन उसकी कमाई को लुटाने में नहीं शरमाते। हाँ, मैं लड़कों के बारे में आम आदमियों की ही राय जाहिर कर रहा हूँ। लेकिन यह ठीक है, धरती पर सबसे अधिक तादाद भी उन्हीं की है।"

वे थोड़ी देर चुप होकर मेरे चेहरे की प्रतिक्रियाएँ देखते हैं। अधलेटे से बैठ जाते हैं और सीधे मेरी आँखों में घूरते हैं, "और तुम बात कर रहे हो शहर के लोगों की ? वे डरपोक जरूर हैं लेकिन बेवकूफ नहीं हैं। वे अपना लाभ-हानि जानते हैं। और फिर वह तो बनियों और क्लर्कों का मुहल्ला है। दुनिया जानती है कि आज तक बनियों और क्लर्कों ने कहीं क्रान्ति नहीं की। वे हर सूबे की लॉटरी के टिकट खरीदते हैं, अखबारों में हापुड़ के बाजार-भाव पढ़ते हैं, 'लापता' की सचित्र सूचनाएँ देखते हैं और किसी तरह छोटा-बड़ा इनाम मार लेने के चक्कर में रहते हैं। वे देश की अजीबो-गरीब खबरों की चर्चाएँ करते हैं और अपनी बदहाली से तंग आकर जी भर बच्चे पैदा करते हैं। उन्हें मालूम है कि लड़कों से उन्हें कुछ भी हासिल नहीं हो सकता—सिवा परेशानी के। फिर उनसे तुम कैसे उम्मीद कर सकते हो कि वे तुम्हारे आन्दोलन में तुम्हारा साथ दें ? अगर इसके लिए तुम दुखी होते हो तो मूर्खता है यह !"

वे चुप हो जाते हैं और देर तक हममें से कोई नहीं बोलता।

"बच्चियाँ कहाँ हैं तुम्हारी ?" वे सहसा पूछते हैं।

"सो गई हैं सब !"

"हूँ...तुम्हारी बीचवाली लड़की बड़ी प्यारी है ! अच्छा, ऊपर भोजन के लिए बोल दो। मैं आज वापस नहीं लौट सकूँगा !"

मैं जैसे ही उठता हूँ कि फिर बोलते हैं, "नीना जगी हो तो उठा लाना !"

"यह भला क्यों ?"

"लिए तो आना ! मैं उसे बूटों के बाजे सुनवाऊँगा।"

सारा शहर अफवाहों में खुश है—

'दो सौ लड़के ट्रकों में भरकर जेल भेज दिए गए।'

'दस लड़कों को गोलियाँ लगी हैं।'

'तीन तो वहीं सड़क पर ढेर हो गए।'

'बीस की हालत काफी नाजुक है।'

'चार लड़के गायब हैं। पुलिस उनकी लाशें चकिया की तरफ ले जाती देखी गई हैं।'

'सारे नेता गिरफ़्तार कर लिए गए हैं। मगर पहले उनकी भरहिक कुटाई होगी, उसके बाद जेल भेजे जाएँगे।'

'अब जो आन्दोलन होना था, हो चुका।'

हर सड़क, गली और नुक्कड़ पर आदमियों की भीड़ है। वे अनजाने ही लड़कों के कृतज्ञ हो उठे हैं जिन्होंने उन्हें बहस के लिए मसाला और खुशी दी है। अगर ये लड़के न होते तो शहर का क्या होता ? कहाँ से यह रंग आता ? लोगों की एकरसता, ऊब कैसे टूटती ? रोज-रोज की वही

दुकानें, वही सड़कें, वही काम। सब्जी नहीं मिल रही है, न सही; मजा तो मिल रहा है ! सब्जी न मिलने का मजा। यही सही, थोड़ा जायका बदल जाएगा।

वे कहकहे लगा रहे हैं और सड़क के मुहाने पर जाकर झाँक आते हैं—एस.पी. की गाड़ी तो नहीं आ रही है ? एस.पी. की गाड़ी को देखते ही भागने का भी अलग मजा है वरना ऐसे तो रोज ही भागते हैं। कई लोग इस बात से खुश हैं कि वे ही एस.पी. और उनकी जीप को पहचानते हैं जबकि दूसरों को यह पहचान मयस्सर नहीं है ! वे लोग जानते-समझते नहीं और किसी आनेवाली गाड़ी को उनकी गाड़ी समझकर भाग खड़े होते हैं।

"हाँ, तो भई, आप कहाँ से आ रहे हैं ?"

"अरे सुनिए, सुनिए। कुछ हमें भी बताते जाइए !"

कोई एक आदमी जैसे ही सड़क से लुकते-छिपते गली में घुसता है कि दस आदमी दौड़ पड़ते और घेर लेते हैं। जब तक आप उनसे कुछ कहेंगे नहीं, वे आपको जाने नहीं देंगे। खबर लगी है कि अमुक मुहल्ले में लड़कों ने पी.ए.सी. की एक लारी फूँक दी है। सुना है, सोनारपुरा में फिर 'फायरिंग' हुई है। कोई कह रहा था कि लंका पर लड़कों ने एक दारोगा को मारते-मारते बेहोश कर दिया। अभी-अभी पता चला है कि जंगमबाड़ी में किसी छत से कोतवाल पर गोली चलाई गई है।...या तो आप इन घटनाओं की पुष्टि कीजिए, या किसी दूसरी नई घटना का विस्तार से विवरण दीजिए, या इन्हें पूरी तरह इनकार कर दीजिए और अगर इनकार कीजिए तो घर जाइए या चूल्हे-भाड़ में जाइए—कोई मतलब नहीं।

सुबह से कोई नया वाक़या या शगूफा सुनने को नहीं मिला है इसलिए सौ बार की कही-सुनी बातें ही कही-सुनी जा रही हैं—अबे, कल यही जो बी दो बटे अड़तीस वाले डॉक्टर शाब हैं न ! बुरे फँसे थे...

मुझे विश्वविद्यालय से एक 'परिचय पत्र' मिला है

जिसका अर्थ है—मैं विद्यार्थी नहीं हूँ, नेता भी नहीं हूँ। आन्दोलन और तोड़-फोड़ में मेरी आस्था नहीं है। मैं किसी को नुकसान नहीं पहुँचाऊँगा। मुझसे किसी का कुछ भी नहीं बिगड़ेगा। मुझे मारना, गिरफ्तार करना या किसी तरह का रोक-टोक करना बेकार है। मैं काम-से-काम रखनेवाला एक शरीफ और निरीह आदमी हूँ।

और दूसरों की तरह इस निरीह और शरीफ आदमी को विभाग में जाने की अनुमति दी जाती है।

विभाग में 'पिकनिक' की योजना बन रही है।

मौसम अचानक रँगीला हो उठा है, इसलिए शहर के बाहर किसी जंगली या पहाड़ी इलाके में निकल चलना चाहिए। लड़कों ने मौज और तफरीह का मौका दिया है तो उसका पूरा उपयोग होना चाहिए। एक ही रास्ते घर से विभाग, विभाग से बैंक, फिर बैंक से विभाग और विभाग से घर आते-आते तबीयत बोर हो गई है। योजना मत बनाओ, बस निकल पड़ो...कहीं भी—सारनाथ, पिपरी, चन्द्रप्रभा, भेड़ाघाट, विंढम, सिरसी, चचाई फाल, रामनगर—जहाँ भी हो सके; बस, कल ही चल पड़ो। रात वहाँ बिताओ और दूसरे दिन शाम तक हाजिर।

"क्या चल पड़ो ? डॉक्टर साँस ही नहीं ले रहे हैं।" एक सज्जन डॉक्टर अग्निहोत्री की ओर देखकर कहते हैं।

"भई, डॉक्टर साँस कैसे लेंगे ? इन्हें 'गैस्ट्रिक ट्रबुल' जो है।"

"अरे रे, नो इंगलिश ! हद कर रहे हैं आप भी ! अंग्रेजी के विरोध में लड़के गोली खा रहे हैं और आप अंग्रेजी बूक रहे हैं !"

अग्निहोत्री चुपचाप मुस्कुराते रहते हैं, "नहीं, 'गैस्ट्रिक ट्रबुल' की कोई बात नहीं है, बस, नहीं जाऊँगा।"

"हाँ, क्यों जाएँगे भाई ? पैसा और समय दोनों बर्बाद होगा। उतने में तो एक अंग्रेजी-विरोधी भाषा-आन्दोलन पर

लेख लिखकर सौ-डेढ़ सौ कमा लेंगे आप !"

"लेख गया कि..."

"आप भी क्या बात कर रहे हैं ? इसका काम दो-चार लेख से थोड़े ही चलता है।"

"भई ! मैं भी नहीं जाऊँगा। आप लोग बनाएँगे बाटी-चोखा और वह अपने से चलेगा नहीं।"—अपने पोपले मुँह से चौबेजी कहते हैं। "डॉ. कायस्था भी पिकनिक पर नहीं जाना चाहते क्योंकि आजकल में ही उनकी गाय ब्यानेवाली है।"

लोग मजा ले रहे हैं क्योंकि जितने ही लोग कटें—और खुद ही कटें तो सबसे अच्छा—उतना ही अच्छा रहेगा। आखिर दो टैक्सियों में इतने लोग आएँगे भी कैसे ?

"अध्यक्ष महोदय !" इसी समय डॉ. राय प्रवेश करते हैं, "अध्यक्ष महोदय ! परसों की घटना पर हमें वक्तव्य देना चाहिए और पुलिस की ज्यादतियों की निन्दा करनी चाहिए !"

"क्या ?" अध्यक्ष के साथ ही सभी लोग चौंककर ताकते हैं, "आप होश में तो हैं मिस्टर ! सरकारी कर्मचारी हैं और सरकार के ही विरोध में वक्तव्य देने की बात कर रहे हैं ?"

"हमें हर उस बात का विरोध करना चाहिए जो गलत और अनुचित है।" राय उसी दृढ़ता से कहते हैं।

प्राध्यापकों में दो दल हो जाते हैं। कुछ लोग छात्रों को समर्थन देने की बात इस बिना पर करते हैं कि यह उसी भाषा का मामला है जिसकी वे रोटी तोड़ रहे हैं। दूसरे छात्रों की इन हरकतों के विरुद्ध हैं और पुलिस की मार को उचित ठहराते हैं। यह उनकी समझ में नहीं आता कि लोग उन विद्यार्थियों का समर्थन कैसे कर रहे हैं, जो खुद न तो पढ़ना चाहते हैं और न अध्यापक को पढ़ाने देते हैं। जो अध्यापक को हूट करते हैं, बेवकूफी से भरे सवाल करते हैं और कक्षा छोड़कर भाग खड़े होते हैं, उनकी राय है कि अब वे इसी लायक रह गए हैं कि उन्हें पुलिस पढ़ाए।

अन्त में सबको शान्त करते हुए अध्यक्ष कहते हैं, "डॉक्टर राय ! यह राजनीतिक मामला है और ऐसे मसलों से हमारा कोई सम्बन्ध नहीं ! आप ही बताइए, और किसी विभाग ने इस तरह का वक्तव्य दिया है ? न, किसी ने नहीं। यहाँ तक कि कुलपति ने भी नहीं। वे तो इसी में खुश हैं कि लड़के मेरे नहीं, भाषा के खिलाफ आन्दोलन कर रहे हैं...अब आप कहते हैं कि आइए, एक वक्तव्य दिया जाए ! यह तो कुछ ऐसा ही कहना हुआ कि आइए, हम नौकरी से त्यागपत्र दे दें।"

"और सबसे बड़ी बात तो यह..." अग्निहोत्रीजी उत्तेजित हो उठते हैं, "आप इन लड़कों के समर्थन के लिए कह रहे हैं जो किसी के नहीं हैं। आप लड़कों का साथ दीजिए और कल इसी के लिए आपसे जवाब-तलब किया जाए। क्या आप समझते हैं कि ये ही लड़के आपके लिए लड़ेंगे ? सपना देखते हैं आप।"

"और तो और, अग्निहोत्रीजी, आप ऐसा कह रहे हैं, जबकि सारा शहर जानता है कि इन्हीं लड़के-नेताओं की सिफारिश पर आप रीडर बनाए गए हैं ?" डॉ. राय धिक्कार के साथ कहते हैं।

"भई, मैं या तुम या कोई भी, कौन कैसे बना है, यह किसी से छिपा नहीं है, इसलिए यह सब छोड़ो।" अध्यक्ष विवाद को निपटाने की गरज से कहते हैं, "तो यह बताओ, कल किधर की तैयारी हो रही हैं ? भई, अगर मैं साथ न दे सकूँ तो बुरा न मानना; बल्कि कहो तो पैसा दे दें। बात यह है कि कल सुबह ही मुझे बंगलौर के लिए 'फ्लाई' करना है, वहाँ 'बोर्ड ऑफ स्टडीज' की मीटिंग है। नहीं गया तो गड़बड़ हो जाएगा। और यह भी बता दूँ कि मुझे आप लोगों का ध्यान है, कुछ लोगों की किताबें 'रेफरेंस' में तो डलवा ही दूँगा और जिन्होंने किताबें नहीं लिखी हैं, उनके लिए दूसरा रास्ता सोच रखा है। उन्हें किसी-न-किसी पर्चे का

परीक्षक तो बनवा ही दूँगा। अब यह है कि बदले में उनके लिए भी कुछ करना होगा। लेकिन जब करना होगा तब देखा जाएगा...तो ठीक है।"

क्लर्क पर्दा उठाकर चौथी बार झाँकता है ! इसका अर्थ है कि कोई ऐसा कागज है जिसे सबके आगे नहीं लाया जा सकता। वह हम सब लोगों के हटने की ताक में है !

उसकी मंशा को समझकर हम उठ खड़े होते हैं।

"कम्बख्त को देखा ? एक काम करता है, तो साल-भर एहसान जताता है। और वह भी काम क्या करता है, लौटेगा तो कहेगा कि हमने तो अपनी ओर से बहुत जोर दिया लेकिन लोग तैयार ही नहीं हुए।" डॉ. राय बाहर निकलते ही कहते हैं।

"लेकिन यह बताओ कि कागज क्या है जिसके लिए क्लर्क इतनी ताक-झाँक कर रहा था ?"

"किसी के कन्फर्मेशन का होगा या सीनियारिटी का—और क्या हो सकता है ?" अग्निहोत्रीजी कहते हैं।

वहाँ से निकलकर तीन-चार लोग एक कमरे में जा बैठते हैं और बाकी लोग अपने-अपने कमरे में चले जाते हैं। थोड़ी देर बैठ चुकने के बाद अग्निहोत्रीजी मुँह खोलते हैं, "देखा डॉ. राय को ? कितना चालाक है ? यह जानते हुए कि हम वक्तव्य नहीं दे सकते, कहता है कि लड़कों के पक्ष में वक्तव्य दो। सिर्फ इसलिए कि घूम-घूमकर लड़कों से कह सके कि भई, लोग डरपोक और लोभी हैं, मैंने तो तुम लोगों के लिए लड़ाई तक की।"

"तो आप क्यों चिन्ता कर रहे हैं ? कुछ होगा तो अध्यक्ष जवाबदेह होंगे।"

"हमें तो शक है कि अध्यक्ष को फाँसने के लिए ही उसने ऐसा कहा था।" रंचकजी माथे पर बल डालते हुए कहते हैं।

"हो सकता है। कुछ भी हो सकता है। भीतर-भीतर उसी

के आदमी उसके खिलाफ हैं।"

सहसा डॉ. राय प्रवेश करते हैं, "कहिए, यहाँ अब क्या राजनीति हो रही है ?"

"राजनीति क्या होगी ?" रंचकजी सहज भाव से कहते हैं,"बात यह चल रही थी कि 'पिकनिक' पर कहाँ चलें ?"

"भई, एक बात मैं साफ कर दूँ।" डॉ. राय हाथ झाड़ते हुए बोलते हैं, "अपने मन के लोग रहेंगे तो चलूँगा, नहीं तो नहीं। साथ में नाक-भौं सिकोड़नेवाले लोग चलेंगे तो नहीं चलूँगा।"

"मैं तो कहूँगा कि पिकनिक जाए ही क्यों ? कुछ लोग उसमें भी राजनीति ढूँढ़ने लगेंगे।" अग्निहोत्रीजी आपत्ति करते हैं।

"जरूर ढूँढ़ेंगे और सबसे पहले आप ढूँढ़ेंगे।" अग्निहोत्री की ओर इशारा करते हुए डॉ. राय कहते हैं।

अग्निहोत्रीजी शरीफों में शरीफ भी हैं। इतने शरीफ कि कहीं कोई उन्हें थप्पड़ मार भी दे तो वे मारनेवाले को न देखकर इधर-उधर ताकेंगे कि कहीं किसी ने देखा तो नहीं। और फिर चुपके से चेहरे पर हाथ फेरते हुए, नाक साफ करते हुए सिर झुकाए किसी गली में घुस जाएँगे और फिर आपके मित्र हो जाएँगे। उनके काम करने का ढंग दूसरी ही तरह का होता है। मसलन, यदि आपको कहीं से सम्मान या पद या लाभ का जोग हो तो आपने उनका चाहे जितना बिगाड़ा हो, वे सब भूलकर पूरे जी-जान से आपका साथ देंगे—कभी-कभी आपके न चाहते हुए भी लगे रहेंगे और अन्त में आप पाएँगे कि बहुत पहले ही मैदान खोया जा चुका है।...मजा यह है कि जितने दुखी आप होंगे, उससे ज्यादा अग्निहोत्रीजी रहेंगे।

''क्या ?...क्या ?...क्या ?" वरिष्ठ प्राध्यापक डॉ. रसाल घुसते हैं, कुर्सी पर बैठते हैं फिर अचानक उठकर खड़े होते हैं, हर एक को जल्दी-जल्दी देखते हैं और बैठकर गर्दन हिलाने लगते हैं।

"पिकनिक की बात चल रही है।" रंचकजी मुस्कुराते हैं।

रसालजी खड़े होकर बैठ जाते हैं और चकपकाकर इधर-उधर ताकते हैं, "पिकनिक ? पिकनिक क्या ? क्या मतलब है आपका पिकनिक से ?"

"पिकनिक का मतलब पिकनिक से है। कल पिकनिक चलेगी।"

"पिकनिक चलेगी ? क्या पिकनिक चलेगी ?"

"आप इतने घबड़ा क्यों रहे हैं ?" डॉ. राय हँसते हैं, "इसके पीछे कोई पॉलिटिक्स नहीं है।"

"क्या पॉलिटिक्स ? पॉलिटिक्स क्या होती है ? आप समझते हैं, मैं पॉलिटिक्स करता हूँ ? अगर यही करना होता तो आज मैं रीडर ही न रहता—समझे ? क्या ?..."

"यही कि आप रीडर न रहते।"

"और क्या ? अध्यक्ष होता।"

"जी हाँ, जरूर होते लेकिन पॉलिटिक्स करने के कारण ही नहीं हुए।" रंचकजी उन्हें छेड़ देते हैं।

रसाल घायल गादुर की तरह रंचकजी की ओर देखते हैं। रंचकजी भीतर-ही-भीतर खुश हैं कि उन्होंने परसों के व्यंग्य का बदला ले लिया लेकिन धीरे-धीरे उनका चेहरा फीका पड़ने लगता है, जैसे उन्हें अचानक याद आ गया हो कि कलवाली मीटिंग में यदि डॉ. रसाल उनका विरोध कर दें तो स्नातक कक्षा के तीसरे प्रश्नपत्र में लगनेवाली किताब रह जाएगी।

लोग गम्भीर हो जाते हैं। कोई भी आदमी वातावरण को हलका करने या विषय बदलने की कोशिश नहीं करता। वे जानते हैं कि रंचक शाम को रसाल के घर जाकर माफी माँग लेंगे और फिर दोनों एक हो जाएँगे—बेहतर यही है कि चुप रहो।

"अच्छा।" रसाल उठ खड़े होते हैं—"क्या...?"

"भाड़ में जाए पिकनिक।" अग्निहोत्रीजी कहते हैं और रसालजी के पीछे हो लेते हैं।

जाड़ा आज शाम से ही गुंडई पर उतारू है।

रात आधी जा चुकी है और हलकी-हलकी बारिश हो रही है। लेकिन अन्धड़ तेज है, वह अन्धकार को मानो चींथकर रख देना चाहता हो। हवा पागल हो गई है—वह भाग रही है, नाच रही है, गुर्रा रही है, कूँथ रही है। वह छलाँग मारते हुए पेड़ों को पार करती है और बिड़ला छात्रावास के कॉमन रूम की खिड़कियों के अन्दर झाँकती है। छात्रावास के सामने सड़क है—निचाट अन्धकार के नीचे रोशनी की चौड़ी पट्टी जैसे इस्पात की लचकती और खनकती हुई चद्दर। रोशनी में फुहियाँ नाच रही हैं और खुलकर नाच रही हैं।

सन् '58 ई. में इसी तरह लड़के इतमीनान से अपने-अपने कमरों में सो रहे थे और भोर में पी.ए.सी. ने उन्हें लाठियों से जगाया था। आज भी वह डर है। पता नहीं, कब जबर्दस्ती फाटक तोड़कर पी.ए.सी. अन्दर दाखिल हो

जाए और छात्रावासों पर कब्जा कर ले ! लिहाजा छात्रावास के हर फाटक पर कम्बल लपेटे हुए दो-दो लड़के पहरा दे रहे हैं। वे भीग रहे हैं। ठंड में ठिठुर रहे हैं, उनके दाँत बज रहे हैं लेकिन वे टहल रहे हैं। दूसरे छोर से रोशनी के बगलवाले आम के पेड़ के नीचे से भोजपुरी गीत की कड़ियाँ सुनाई पड़ रही हैं—बादल चढ़े आ रहे हैं, बिजली चमकती जा रही है, नदियाँ उमड़ी आ रही हैं, ताल-तलैया में हलकोरे उठ रहे हैं, पुरवैया झकोरे मार रही है और मोरा दुबला-पतला छरहरा बालम दूरदेश से बारिश में भीगता हुआ चला आ रहा है।...

"भले हो भले !" दूसरे चौराहे पर कोई पहरेदार लड़का आखिरी कड़ी पर पिहकता है, फिर सन्नाटा छा जाता है।

'कॉमन रूम' में लड़कों की बैठक चल रही है। दीवारों के बीच की जगह ठसाठस भरी है। परेशान चेहरों पर उम्मीद और विश्वास से चमकती हुई आँखें...'जुबली पार्क' की घटना इनके लिए सबक रही है। पूरी वाक़या की छान-बीन के बाद वे कुछ गम्भीर नतीजों पर पहुँचे हैं। उनके आगे 'माइक' और 'मंच' को हाथ में लेने की होड़ खत्म हो चुकी है। यही नहीं, अपने को गिरफ्तार करा देना, जेल में चले जाना और वहाँ वक्तव्य पर वक्तव्य देना—उन्हें एक तरह का भगोड़ापन और बहुत कुछ बाजारू लगने लगा है। उन्हें परम्परा से चली आ रही 'नेतृत्व' की पद्धति बेमानी ही नहीं, गलत भी लगने लगी है।

उन्हें अपने इन नेताओं पर गुस्सा है जिन्होंने आन्दोलन की तुलना में अपने को तरजीह दी है, जिन्होंने शहीद होने या विज्ञापन के लिए अपने को सहज ही पुलिस के हाथों में डाल दिया है। उन्होंने नेताओं को कई मौकों पर पुलिस अधिकारियों के साथ हँसते-बोलते, उनके साथ चाय पीते देखा था और यह भी देखा था कि इस मौखिक सुलहनामे का पुलिस की मार पर कोई असर नहीं पड़ा है। अब ऐसे काम नहीं

चलेगा, उन्हें सारी बातों को नए सिरे से सोचना होगा।

उनके आगे बहस या विचार के मुख्य रूप से चार मुद्दे हैं—

—आगे के आन्दोलन की क्या पद्धति हो ?

—दमन-तंत्र से कैसे निपटा जाए ?

—बाजार में लुटे सम्मान को कैसे हासिल किया जाए ?

—गिरफ्तारियों से कैसे बचा जाए ?

इन मसलों पर देर तक बहस चलती है। अब इस आन्दोलन में वे भी हिस्सेदार हो चुके हैं, जो शुरू में असहमत थे। क्योंकि अब सवाल सिर्फ भाषा का नहीं, अभिव्यक्ति की दो पद्धतियों का था—एक जो शान्ति और व्यवस्था के नाम पर दमन करती है और दूसरी जो अपने हक और तबदीली के लिए संघर्ष करती है। ऐसी स्थिति में अपने को लड़ाई से बाहर रखे रहना उन्हें अच्छा नहीं लगा था।

अन्त में आपसी मतभेदों को ध्यान में रखते हुए बैठक कुछ नतीजों पर पहुँचती है—

—हम आम जनता की सम्पत्ति को किसी प्रकार का नुकसान नहीं पहुँचाएँगे।

—जुलूस उन क्षेत्रों में निकाला जाएगा जिनमें धारा एक सौ चौवालीस या कर्फ़्यू नहीं है। जुलूस का मकसद केवल यह बताना है कि आन्दोलन स्थगित या खत्म नहीं हुआ है।

—चूँकि पुलिस ने हमें अपने मोर्चे पर ले जाकर मारा है, इसलिए यदि हमें लड़ना पड़ा तो हम उसे अपने मोर्चे पर लाकर लड़ेंगे।

—अपनी पहचान खत्म करने के लिए नेता खादी छोड़कर कोई दूसरी पोशाक पहनेगा।

—मौजूदा स्थितियों में हमारे 'एक्शन' के ठिकाने होंगे—डाकघर !

—'एक्शन' के दौरान लड़का 'रेस' वाले कपड़े के जूतों का इस्तेमाल करेगा।

—एक्शन पर जानेवाले जत्थे में लड़कों की संख्या पाँच से ज्यादा न होगी।

इन निर्णयों के साथ बैठक बर्खास्त होती है। मगर कोई अपनी जगह से नहीं हिलता। सब लोग जस-के-तस बैठे रहते हैं। अन्धड़ शीशे की खिड़कियों पर बार-बार धक्के मार रहा है और लोग खामोश बैठे हैं। रात के दो बज रहे हैं और अभी तीन-चार घंटे रात बाकी है, अभी बहुत कुछ हो सकता है। जब काम करना ही है तो क्यों न इसी रात को शुरू किया जाए ? थोड़ी देर में पाँच-पाँच लड़कों की चार टुकड़ियाँ बन जाती हैं।

लड़के पूरी तैयारी के साथ 'कॉमन रूम' के बाहर आते हैं। उन्हें कुछ सुझाई नहीं पड़ता—एक गहरी अँधेरी खोह है जो लगातार हवा उगल रही है। वे अपनी आँखें मिचमिचाते हैं फिर भी कुछ साफ नहीं होता। धीरे-धीरे सड़क के किनारे खड़े पेड़ एक-दूसरे से सिमटकर बैठे से दीखते हैं, उनकी हालत बस के उन मुसाफिरों-जैसी है जिन्हें नींद आ रही हो और हलके से एक-दूसरे के ऊपर उझक-उझक पड़ते हों।

लेकिन लड़कों की आँखें उस खोह में कुछ टकटोर रही हैं—अपने उन पहरेदार साथियों को जो इस खूँखार मौसम में कहीं फाटकों के आसपास होंगे। और फिर उन्हें गाने की आवाज सुनाई पड़ती है। वे देखते हैं कि चौराहे के बाईं तरफ बस स्टैंड के करीब टिन के छप्पर के नीचे भालुओं-जैसी आकृतियों के बीच आग धधक रही है और नीली-पीली लपटें ठंड और अँधेरे से जूझ रही हैं। जैसे ही हवा का झोंका आता है, लपटें लेट जाती हैं फिर मानो उचक-उचककर हवा को भाग-दौड़ करते देखने लगती हैं।

अँधेरे में गैलरी से आवाजें उठती हैं।

जवाब में आग से भी स्वर उठते हैं।

लड़के जोश में आते हैं और एक-एक करके अँधेरी खोह में उतरने लगते हैं।

कक्षाएँ नहीं चल रही हैं लेकिन हमें विभाग जाना पड़ता है।

लंका पी.ए.सी. की छावनी हो गया है। चौराहे से लेकर फाटक तक पचासों लारियाँ और जीपें हैं। लोहे के टोप, सीने और पीठ पर आर्मर, चेहरे पर जालियाँ, हाथ से लाठी या राइफल—जवान सड़क के दोनों किनारे चौकस हैं। उनके बीच दो-तीन टुकड़ियाँ एक सिरे से दूसरे तक गश्त लगा रही हैं। फाटक पर पुलिस का पहरा है। अन्दर के लड़के बाहर नहीं आ सकते, बाहर के लड़के अन्दर नहीं जा सकते।

कहते हैं कि पी.ए.सी. के कई दस्ते 'विजयानगरम पैलेस' में पड़ाव डाले हैं।

यह भी कहते हैं कि पी.ए.सी. के कई दस्ते सीतापुर से रवाना हो चुके हैं।

विश्वविद्यालय—जैसा कि लोग समझते हैं—न तो मीलों फैली फूलों और रंगीन कपड़ों की नायाब झील रह गया है, न थकान और पसीने के बाद की नींद का वह सपना जिसमें

चीजें हिल रही हैं, थिरक रही हैं, चमक रही हैं। पूरा विश्वविद्यालय जंगल के बीच में बसी उस बस्ती की तरह लग रहा है जिसके चारों ओर फौजी घेरा डाल दिया हो। सबकुछ ठंडा और घुटा-घुटा। सड़कें वीरान हैं—उन पर रात की बारिश ने पत्तियाँ बिखेर रखी हैं। कहीं-कहीं किनारे जमा हुए पानी में चिड़ियाँ छपाके खेल रही हैं। चौराहे के पास ही एक पेड़ टूटकर गिर पड़ा है जिसकी डालों पर कर्मचारियों के लड़के खिलवाड़ कर रहे हैं।

लेकिन रुकिए, सड़कें सुनसान नहीं हैं। उन पर लड़के न सही, लड़कियाँ तो हैं। जी हाँ, वे बारिश के बाद की प्रकृति का नजारा ले रही हैं। उनके जूड़े में फूल खिले हुए हैं और वे सड़क की पत्तियों को मसलती हुई दो-दो, तीन-तीन के समूहों में टहल रही हैं। पानी के भार से झुक आए, भरभरा आए गुलमुहर की टहनी को छूने की प्रतियोगिता चल रही है। उनमें से हर लड़की एक बार दौड़कर उछलती है लेकिन टहनी में कोई हरकत नहीं होती। फिर ठहाके लगते हैं। और अन्त में एक-दूसरे को चिढ़ाने के बाद वे दूसरी टहनी की तलाश में चल देती हैं जो इसकी तुलना में नीची हो और छूने में आ सके।

दूसरी तरफ भी कुछ लड़कियाँ हैं जो एक पानी से भरे गड्ढे के पास खड़ी होकर कागज की नावें बहा रही हैं। उनमें एक लड़की जो ओवरकोट पहने हैं—चींटे की तलाश कर रही है। औरों को तो शायद मिल गए हैं लेकिन उसे कहीं दिखाई ही नहीं पड़ रहा है। वह काफी दूर तक घूम आती है और सिर पकड़कर बैठ जाती है। वह चींटे से शायद नाराज हो गई है और गुस्सा होकर नाव ही फेंक देती है। अन्त में उसकी सहेलियाँ उसके लिए चींटे की खोज में निकलती हैं और एक सागौन के पेड़ के तने के चारों ओर घूमने लगती हैं।

इनसे कोई एक फर्लांग की दूरी पर कुछ और लड़कियाँ

हैं जो शायद 'लैंडस्केप' बना रही हैं। उनमें से एक काँख में लम्बी-चौड़ी दफ्ती दबाए मैदान की ओर जा रही है और दूसरी सड़क के किनारे ही बैठ चुकी है। आँखें 'बोटैनिकल गार्डेन' की तरफ हैं—बादलों के किनारे आती हुई सूरज की किरणें, सिमसिमाई हुई धरती, लम्बे खड़े-खड़े पेड़, तनों से लिपटी लतरें और उनकी जड़ों में चोंच मारते मोर ! लेकिन मोर स्थिर नहीं हैं—वैसे ही, जैसे धूप !...लड़की बैठ चुकी है और कूँची अपनी ठोढ़ी पर ठोंक रही है।

कुछ ऐसी भी लड़कियाँ हैं जो और लड़कियों से अपने को असामान्य और असाधारण समझती हैं और जिनमें 'एडवेंचर' और जोखम उठाने की ललक पैदा हो आई है, वे कर्फ्यू की छूट का उपयोग कर लेना चाहती हैं; बल्कि युद्ध के लिए तैयार राइफलधारी सैनिकों की कतारों के बीच से आ-जाकर यह भी देख लेना चाहती हैं कि उनके बीच से गुजरना कैसा लगता होगा। वे बारह से तीन बजेवाला 'शो' देखने की योजना बनाती हैं और चल देती हैं।

सड़क के ही किनारे एक अध्यापिका के बँगले के आगे 'लॉन' में बैडमिंटन होता देख मुझे लगता है कि लड़कियों के छात्रावास के अन्दर भी खेल चल रहा होगा। इसे 'डबल' कहेंगे य 'सिंगल'—मुझे नहीं मालूम। एक ओर दो लड़कियाँ हैं और दूसरी ओर एक अकेली लड़की। चिड़िया उड़ती है और मार खाकर वापस लौट आती है लेकिन फिर उड़ती है और अब उड़ानें ले रही है।...

लड़कियाँ तो इफरात हैं लेकिन लड़के कहाँ हैं ? मेरी आँखें उन्हें ढूँढ़ रही हैं। कुछ लड़के महिला छात्रावास के फाटक पर इन्तजार या बातें करते दिखाई पड़े थे लेकिन वे लड़के—नहीं, उन्हें नहीं, मेरी आँखें उन लड़कों को ढूँढ़ रही हैं जो लाठी और राइफल से बात कर चुके हैं और आगे भी बातचीत का इन्तजार कर रहे हैं।

लड़का मिलता है। सिर पर पट्टी बँधी हैं, गले के सहारे

बायाँ हाथ आगे की ओर लटका हुआ है। वह छात्रसंघ-भवन से निकलता है और मेरे सामने आकर रुक जाता है। उसकी आँखें चमक रही हैं, चेहरा मुस्कुरा रहा है। हम एक-दूसरे को नहीं पहचानते, फिर भी एक 'पहचान' हममें कायम हो जाती है। वह मुझे एक अखबार देता है और कॉलम की ओर इशारा करता है—'छात्रों की चार डाकघरों को जलाने की नाकाम कोशिश।'

वह अखबार ले लेता है—यानी एक निराश कोशिश। नतीजा यह हुआ कि शहर के सभी डाकघरों पर पुलिस का पहरा बैठ गया है। रात बारिश और हवा ने माचिस का साथ नहीं दिया...लड़के की सूरत कहती है कि यह असफलता शायद लड़कों को पस्त हिम्मत और कुंठित कर दे !

इसी समय मेरे कन्धे पर भोथरी उँगलियोंवाला एक पंजा पड़ता है। जाहिर है कि यह ज्वान होंगे। उनका पंजा मेरे कन्धे पर है लेकिन आँखें पेड़ों के किनारे बैठी लड़की की ओर।

"यह लड़की क्या कर रही है ?"

"तस्वीर बना रही है।" जबाव देता हूँ।

"वह एक ऐसी लड़की की तस्वीर क्यों नहीं बनाती जो आहों-कराहों, चीखों-धमाकों के बीच लाशों के ढेर पर बैठी हो और आँखों में काजल लगा रही हो ?" ज्वान थोड़ी देर के लिए रुकते हैं और मेरी ओर ताकते हैं, "आखिर हद हैं ये लड़कियाँ भी। लेकिन सारी गड़बड़ी की जड़ ये नहीं, हम हैं। आखिर हम इनके पीछे क्यों परेशान रहते हैं ? इनकी सुख-सुविधा के लिए क्यों चिन्ता करते हैं ? हम क्यों नहीं मान लेते कि ये भी हमारे जैसी ही सामान्य और टकियल हैं ? ये भी खाती हैं और हमसे कम नहीं खाती हैं ? फर्क सिर्फ यह है कि वे खाने से पहले और खाने के बाद नखरे करती हैं और हम नहीं करते। हम इनके खाने, पहनने और रहने के लिए काम करते हैं और ये इसकी

जरूरत नहीं समझतीं।"

"ज्ञान, इन्हें बातों को समझना चाहिए। इन्हें हिस्सा लेना चाहिए, शामिल होना चाहिए।"

"कैसे शामिल होंगी ? करो शामिल, पढ़ाते हो न इन्हें !"

मैं चुप हो जाता हूँ और ज्ञान इधर-उधर की बातें करने लगते हैं। कुछ समय बाद, जब मुझे लगता है कि ज्ञान अपना सवाल भूल चुके होंगे, साथ-साथ चलते हुए अपने आपसे कहता हूँ—हाँ, पढ़ाता तो हूँ।

तीसरा या चौथा दिन।

ऐतिहासिक दिन !

मैदान में लड़कों की सभा हो रही है।

इस सभा की न कोई तैयारी थी और न प्रचार। दोहपर के करीब लड़कों ने खाना खाया और अपने कमरों से बाहर निकल आए। वे थके-हारे टूटे-टूटे से मैदान की ओर चले आ रहे थे। न कोई जोश, न उत्साह। कोई किसी से नहीं बोल रहा था। वे बस चुपचाप चले आ रहे थे और घास पर बैठते जा रहे थे।...

कैम्पस में ऐसी सभा पहली बार हो रही है।

जाड़े में दोपहर की धूप अजब होती है। एक गरम और मुलायम बर्फ की सफेदी जैसे हवा में जम गई हो। घास में कहीं-कहीं सिमसिमाहट है लेकिन वे हिल-डुल रही हैं। इमारतें खड़ी हैं और चुप हैं। हवा चल रही है लेकिन पेड़ उससे बात नहीं कर रहे हैं। सिर्फ सड़क है जिससे

गुजरनेवाली कार या मोटर साइकिल सीटी देकर पूरे माहौल को चीर जाती है। मैदान में कुछ गायें चर रही हैं और एक बूढ़ा चरवाहा लाठी के सहारे अपने को टिकाए लड़कों की तरफ ताक रहा है—सूनी आँखों।

जेल से गिरफ्तार लड़कों की खबरें आती रही हैं। कल सुबह पहली घंटी बजाई गई थी। बीस लड़कों के सिर फट गए हैं। उनके साथ सख्ती बरती जा रही है। खाना जैसा दिया जा रहा है, उसे खाने से लड़कों ने इनकार कर दिया है। लड़कों में दो दल हो गए हैं—वे आपस में झगड़ रहे हैं, एक लड़का जिसे गोली लगी है—अभी तक बेहोश है। उसे अस्पताल भिजवाने के लिए कहा जा रहा है लेकिन अधिकारी नहीं सुन रहे हैं। लड़कों से मिलने—उन्हें देखने के लिए कोई मन्त्री गया था, लड़कों ने उसके खिलाफ नारे लगाकर उसे भगा दिया। वे प्रसन्न हैं लेकिन दुखी हैं। वे दुखी हैं और प्रसन्न हैं।

रात की घटना ने उन्हें और भी दुखी और उदास कर दिया है। लड़कों ने पाँच डाकखानों को जला डालने की कोशिश की थी मगर वे असफल हो गए। किसी भी डाकघर को कोई नुकसान नहीं पहुँचा है। इसका कारण कुछ तो मौसम है और कुछ उनकी नातजुर्बेकारी। मगर इससे रही-सही उम्मीद भी जाती रही। शहर के सारे डाकघरों पर पुलिस का पहरा बैठ गया है। डाकघर ही नहीं, जितने भी केन्द्रीय दफ्तर हैं, सब पुलिस के कब्जे में चले गए हैं।

मैदान में लड़कों की संख्या तीन-साढ़े तीन सौ है, जबकि छात्रावासों में रहनेवाला एक भी लड़का घर या शहर नहीं जा सका है। वे लड़के इस समय कहाँ चले गए हैं ? और जो लड़के शहर में हैं, क्या वे कुछ भी होने की नाउम्मीदी में ठप्प पड़ चुके हैं ?...और अब इतने-से लड़कों के बीच में कौन है जो रिक्शे पर पड़े 'माइक' को अपने

हाथ में ले।

घास पर बिखरे लड़कों के चेहरे हमेशा के चेहरे नहीं हैं। उन्हें नहीं मालूम कि वे वहाँ क्यों आए हैं। लेकिन वे जानते हैं कि यूँ ही नहीं आए हैं। उनके चेहरे कठोर हैं जैसे उन्होंने भीतर-ही-भीतर कोई निर्णय ले लिया हो। आज उनके चेहरे की दृढ़ता उनकी उम्र के लोच से मेल नहीं खा रही है। उनके लम्बे खत और चौड़ी मूँछें एक-दूसरे से आँखें चुरा रही हैं। उनकी उँगलियाँ घासों को छेड़ रही हैं—उस बिल्ली की तरह जो छटपटाते चूहे को अपने जबड़े में दबाती है, फिर छोड़ती है, उसके हिलने या भागने के पहले ही फिर ले लेती है; जो उसे मारती है लेकिन मारने के पहले जी-भर खेलती है !

अचानक एक छोटा-सा लड़का—जो शायद पी.यू.सी. में पढ़ता है, रिक्शे के पास आता है। वह छोटा-सा कुर्ता और पतलून पहने है। उसके बाल बिखरे हुए हैं और आँखें लाल हैं। वह माइक हाथ में लेता है और देर तक सिर झुकाए रहता है।

"साथियो !" वह पूरी ताकत लगाकर ऊँची आवाज में चिल्लाता है।

लड़कों में 'साथियो' शब्द बहुत जाना-पहचाना है। फिर भी लड़के की सुरीली आवाज उनके कान खड़े कर देती है।

लड़का हाँफता है—हाँफता रहता है और खाँसकर गला साफ करता है।

"साथियो !" फिर कहता है लेकिन अबकी उसकी आवाज पहले से ठंडी है।

'माइक' वाला लड़का इसके आगे एक वाक्य भी नहीं बोल पाता। वह दो-तीन बार धीरे-धीरे 'साथियो' कहता है फिर माइक पर सिर टिकाकर फफक पड़ता है। हवा उसकी रुलाई और हिचकियों को दूर-दूर तक फैलाने लगती है। खुले मैदान के सन्नाटे में माइक पर नौजवान का माथा

टेककर सिसक-सिसककर रोना और उसके आगे लड़कों का सिर झुकाए चुपचाप बैठे रहना...लड़का बीच-बीच में अपने पर काबू पाने के लिए माइक की दरातियों को दाँतों से काटता जा रहा है।

झटके से एक युवा—जो दूर बाँहों का तकिया बनाए; आँख बन्द किए, चुपचाप लेटा था—उठ बैठता है और चारों तरफ नजर डालता है। इसके बाद वह उठता है—कन्धे पर गमछा, मुड़ा और गन्दा कुर्ता जिस पर तिनके सटे हुए हैं, लापरवाही से पहनी गई धोती और रुखे बाल। वह लड़कों के बीच चलता हुआ रिक्शे के पास आता है। वह थोड़ी देर तक वैसे ही खड़ा रहता है फिर अपने बूट से लड़के के पैर में हलके-से ठोकर मारता है। इस समय भोंपू से लड़के की आवाज नहीं, हिचकियाँ निकल रही हैं। वह लड़के को माइक से अलग करता है और माइक फेंक देता है। लड़के का कॉलर पकड़कर उसे किसी तरह उसके पैरों पर खड़ा करता है। लड़का अपनी हथेलियों में अपना चेहरा छिपाए है और उसकी पीठ हिल रही है। वह दो-तीन डग आगे बढ़ता है और फिर वहीं घुटनों के बल बैठ जाता है।

युवा मुस्कुराता है—बड़ी आत्मीयता और प्यार से। फिर अपने बूट से घासों को ठोंकता रहता है और अन्त में धीमी और सख्त आवाज में बोलता है, "भाइयो ! मैं नेता नहीं हूँ लेकिन गरीब हूँ। आप चाहें तो मुझ पर भरोसा कर सकते हैं।"

वह चुप हो जाता है और रिक्शे की सीट के नीचे पावदान पर बैठ जाता है। लड़के सिर उठाते हैं और उसे देखते हैं जैसे तौल रहे हों।

"एइयू छोकरे ! लड़कियों की तरह रोता क्या है ?" युवा लड़के को डाँटता है फिर वह भीड़ की ओर मुखातिब होता है, "तो भाइयो ! आप मेरे साथ चल सकते हैं, मुझ पर

भरोसा कर सकते हैं...”

वह खड़ा होता है और घास पर चहलकदमी करने लगता है।

लड़के धीरे-धीरे एक-एक करके खड़े होते हैं।

“लेकिन रुको !” युवा वापस लौटकर रिक्शे की सीट पर बैठ जाता है, “यहाँ से कूच करने के पहले हम यह जान लें कि हमारी लड़ाई किस बात के लिए है और किससे है ? बगैर इसे जाने हममें वह विश्वास, वह कठोरता ही नहीं पैदा हो सकती है जो ऐसे मौकों पर जरूरी है।

“आप कहते हैं—भाषा ? भाषा मेरे लिए वह नहीं है जो आपके लिए है। हमारे पिछले अनुभव मुझे यह कहने के लिए बाध्य करते हैं कि भाषा का अर्थ ‘हिन्दी’ या ‘अंग्रेजी’ नहीं है। भाषा का अर्थ है जीने की पद्धति, जीने का ढंग। भाषा यानी जनतंत्र की भाषा, जनतान्त्रिक अधिकारों की भाषा, आज़ादी और सुखी जिन्दगी के हक की भाषा। हम जीने के इस तौर-तरीके के लिए लड़ रहे हैं।

“अगर हम ऐसा नहीं करते तो अपनी जमीन के साथ दगा करते हैं। यही नहीं, हम अपने को उस बहुत बड़े जनसमूह से अलग कर लेते हैं, उसका साथ खो देते हैं जो हमें अपना, अपने घर का समझता है, जो हमसे उम्मीदें और आशाएँ रखता है। फिर हमें यह शिकायत करने का मौका नहीं मिलेगा कि जब हम पर लाठियाँ पड़ती हैं तो दूसरे नीचे से दरवाजे बन्द करके अपनी छतों से तमाशा क्यों देखते हैं ?

“यह जरूर है कि हमें ऐसा करने के लिए अपनी मौज-मस्ती की जिन्दगी छोड़नी होगी। हमें अपनी जरूरतों को उनकी जरूरतों से जोड़ना होगा। हमें अपने व्यवहार से यह बताना होगा कि हम अपनी पढ़ाई के लिए खर्च होनेवाले आय के स्रोतों से वाक़िफ हैं। ऐसे भी, लोग जब

दुखी हों, रो रहे हों तो इस हालत में हमारा खुश होना बेहयाई है। इसके लिए हमें अपने श्रेष्ठ होने के दम्भ को छोड़ना होगा, उन लालचों को, उम्मीदों को छोड़ना होगा जिसकी परवरिश करते हुए विश्वविद्यालय के बाहर हमारे ढेर सारे भाई औसत से भी गए-गुजरे आदमी का जीना ढो रहे हैं।

"हमारी इस भाषा के खिलाफ लगी है हुकूमत की भाषा, जो मौजूदा व्यवस्था को विदेशी शासन से विरासत में मिली है। सख्ती से दमन हुकूमत की भाषा का स्वभाव है। यह भाषा अपने को व्यक्त करने के लिए जिस शब्दकोश की मदद लेती है वह है लाठी, बन्दूक, राइफल, गोली, आँसूगैस, धोखा, प्रलोभन। हम जब भी कहते हैं कि सरकार ! हम बेकार हैं, हमें काम चाहिए, वह हमारे मुँह पर बन्दूक की नली रख देती है। हम कहते हैं कि सरकार ! हम अपने घर पर बोझ हैं, हमें उतार लीजिए, और वह जवाब में हमारी छाती पर दस सेर का वजनी फौजी बूट रख देती है। इस मुकाबले के लिए हमें अपनी भाषा को अधिक-से-अधिक हमलावर बनाना होगा। फरियाद एक गुलाम की आदत है, हमें इस आदत से बाज़ आना चाहिए।

" 'जुबली पार्क' की घटना से कुछ बातें हमारे तईं साफ हुई हैं। अगर हम चिल्लाते हैं, तो वे हमारा मुँह बन्द कर देंगे; अगर हम अपने हाथ उठाते हैं, तो वे उसे नीचे कर देंगे; अगर हम अपनी माँगें रखते हैं तो वे कान में उँगली डाल लेंगे। और ऐसा करके हमने उनकी शक्ति को ही स्वीकार नहीं किया है, बल्कि लोगों के बीच उनकी सर्वोच्च सत्ता को स्थापित किया है। हमने उनके अजेय होने को प्रमाणित किया है। हमें हर हालत में वक्त आने पर उनकी यह धारणा तोड़ देनी होगी। यह अपने लिए भी जरूरी है और दूसरों के लिए भी।"

युवा चुप हो जाता है और कुछ सोचने लगता है।

"तो यारो, चलो भी। आखिर यह देर क्यों ?" वह चल पड़ता है।

तीन सौ लड़के बगैर माइक, नारे और किसी तरह के शोर-शराबे के उसके पीछे हो लेते हैं।

जब वे कुछ दूर निकल जाते हैं तो मैदान में बैठा छोटा लड़का उठता है और बहुत तेज—छूटी हुई गोली की तरह उस दिशा की ओर भागता है।

लड़के कहाँ जा रहे हैं, इसे वे जानते नहीं।

शहर में कर्फ्यू है। लंका पी.ए.सी. की छावनी हो गया है। लगातार तीन-चार दिनों तक दीवारों के भीतर पुलिस के घेरे में रहने के बाद अब वे निकलेंगे—बाहर निकलना चाहते हैं।

मगर वे 'नरिया गेट' के पास भी नहीं पहुँच पाते हैं कि दीवार के पार लारियों की घरघराहट सुनाई पड़ती है। एक लड़का लपककर एक पेड़ पर चढ़ता है और बताता है—दो लारियाँ !

लारियाँ रुकती है और गेट के बाहर जवान ठक-ठक कूदकर मोर्चा सँभालने लगते हैं।

लड़के पहले तो सिटपिटाते हैं, फिर किसी पूर्व-नियोजित योजना की तरह दीवार के समानान्तर एक-एक फलाँग तक फैल जाते हैं। वे अपनी ओर से पूरी तरह तैयार हैं। आँसू गैस के जवाब के लिए उनकी जेबों में भींगी हुई रूमालें हैं। उनके पीछे सड़क की मरम्मत हो रही है जिसके लिए जगह-जगह ईंटें गिराई गई हैं। उनकी सुरक्षा के लिए सामने ऊँची दीवार है। बाकी तो अपने हाथ हैं, अपना दिमाग है और अपनी चुस्ती है।

"आ जाओ प्यारे !" वे मुस्कुराते हैं।

और तुम्हारे पास ? तुम्हें हम वापस भी नहीं लौटने देंगे क्योंकि उस रास्ते पर अब हमारा कब्जा होगा। तुम आगे

भी नहीं जा सकते क्योंकि आगे रास्ता ही नहीं है। और रहा पीछे ? पीछे बस्ती है और क्या मालूम किं इन दिनों उन्होंने भी तुम्हें पहचान लिया हो ? तुम्हारी कैफियत जान गए हों ? अब आगे बढ़ो, अपनी लाठियाँ कहाँ मारोगे—दीवार पर ?

अब हम देखते हैं कि तुम्हारी मदद के लिए कौन आता है ?

लड़कों का एक छोटा-सा दस्ता दीवार से सटा-सटा विश्वविद्यालय के फाटक तक चला जाता है। अगर यहाँ से उनकी मदद के लिए पी.ए.सी. बढ़ी तो यह रास्ता उसके लिए बन्द कर देना है।

लारियाँ जवानों को छोड़ने के बाद फिर वापस लौट जाती हैं।

लड़कों का एक गिरोह जोश में आकर जैसे ही नारेबाजी शुरू करता है कि आँसू गैस का एक गोला उनके बगल में आकर फट जाता है।

धुआँ उठता है और लड़के पीछे हट जाते हैं।

युवा पी.ए.सी. के मोर्चे का जायजा लेने के लिए दो-तीन लड़कों के साथ एक मकान की छत पर चढ़ जाता है। नीचे लड़के नारे लगाते हैं। जिस समय वह चारदीवारी के पास नजर दौड़ाता है, उसी समय आँसू गैस का दूसरा गोला छत के ऊपर नाचता है। वह बड़ी फुर्ती से गोले को गिरने के पहले ही रोक लेता है।

सारे लड़के खुशी में तालियाँ बजाते हैं और नाचने लगते हैं।

आह ! ये तालियाँ कितने दिनों बाद बजी हैं ? यह खुशी कितने दिनों बाद लौटी है ? ये टाँगें एक जमाने के बाद थिरकी हैं। और यह आत्मविश्वास...लेकिन अभी सब्र करो, कोई जल्दबाजी नहीं। पहले अपनी तरह से तैयार हो जाओ। ईंटें फोड़ो, कंकड़-पत्थर जुटाओ। और पानी ? अव्वल तो

आँसू गैस के गोले को गिरने के पहले ही लोक लो और अगर वे फट भी जाएँ तो तुरन्त पानी से बुझा दो। उन ईंटों को उतनी दूर नहीं, थोड़ा पास लाओ। बल्कि लोग जहाँ तक फैले हों, वहाँ तक फैला दो। ईंट-पत्थरों से यह सारा मैदान पाट दो—और यह सब आधे घंटे के भीतर। जल्दी करो, तुरन्त लग जाओ। एक-दूसरे का मुँह मत जोहो। शाबाश !...

लड़के लग तो जाते हैं लेकिन एक मुश्किल उठ खड़ी होती है। इतने लड़के कहाँ से आएँ ? आँसू गैस के लिए पहले से तैयार बालटियों में पानी चाहिए, इसके लिए बालटियाँ कहाँ से लाई जाएँ ? यही नहीं, पास में कहीं नल भी तो नहीं है ! इनके सिवा भी मुश्किलें हैं—ईंटों को फोड़ने के लिए लड़के कहाँ से लाए जाएँ ? ईंटों को उन तक पहुँचाने के लिए झौवा कहाँ से आए ?

बगल में विश्वविद्यालय के मेहतरों की बस्ती है। लड़कों का ध्यान उधर जाता है। एक अधेड़ अपने दरवाजे पर झिलँगी डाले बैठा है और कौतूहल से लड़कों की ओर ताक रहा है। युवा लपककर उसके पास जाता है।

"हुकुम बाबू !" अधेड़ उठ खड़ा होता है।

"दादा, हमें कोयला तोड़नेवाली हथौड़ियाँ और झौवा चाहिए। कोई उपाय करो।"

"बाबू !" अधेड़ कहता है और मुड़ पड़ता है।

"दादा, सुनो !" युवा हाँक देता है। "ईंटें फोड़ने और ढोने के लिए क्या कुछ आदमी भी मिल सकते हैं ?"

अधेड़ बगैर बोले बस्ती में घुसता है और देखते-देखते हथौड़ों और झौवों के साथ मर्द, औरतें और लड़कों की एक छोटी-मोटी बटालियन आ खड़ी होती है।

"लेकिन एक बात है बाबू, बुरा न मानिएगा ! आप लोग तो मार-पीटकर चले जाएँगे, मगर उसके बाद ये कुत्ते हमें तंग करेंगे।"

युवा पत्थर के एक टुकड़े को गेंद की तरह हाथों पर उछालते हुए कुछ देर तक चुप रहता है, "दादा, हम कहीं गए नहीं हैं। कहीं गए नहीं हम !"

युवा मुड़ पड़ता है और मेहतर जी-जान से ईंटा फोड़ने और झौवा में भरकर टुकड़े गिराने में लग जाते हैं। देखते-देखते चारदीवारी के समानान्तर ईंटों और पत्थरों के टुकड़े फैलने लगते हैं। मेहतरों, उनकी औरतों और बच्चों का उत्साह देखने लायक है, जैसे वे ईंट-पत्थर नहीं, अपने-अपने लिए मुहरों और रुपयों के ढेर लगा रहे हों !

युवा इस बीच काफी व्यस्त है। यहाँ-वहाँ वह हर जगह दौड़ रहा है। वह लड़कों से मिल रहा है, उनसे बातें कर रहा है, उन्हें समझा रहा है—युद्ध के अनुभवी संचालक की तरह। वह कहता है, "देखो, अपनी ताकत का सही अन्दाजा न लगने दो, अभी उनसे लड़ो मत, लेकिन उलझाए रहो, हम इधर क्या कर रहे हैं, इसका आभास तक उन्हें न चले। हम बाहर निकलेंगे या वापस लौट जाएँगे—इस गफलत में उन्हें डाले रहो। हाँ, ठीक ! अगर वे आँसू गैस के गोले फेंकते हों तो लोक लो और उलटे उन्हीं पर मारो। बस, ज़रा-सी देर है, थोड़ा सब्र से काम लो।"

लड़कों की निगाह सहसा नरिया-गेट के आगे धनुषाकार होती ऊँची चारदीवारी के ऊपर टिक जाती है—शीशे के तेज और नुकीले टुकड़ों पर एक शरीर झूल रहा है—वह इस पार आना चाह रहा है लेकिन ऊँचाई और धारदार शीशे अड़चन पैदा कर रहे हैं। लेकिन अपनी कोशिश में वह कामयाब होता है और अन्त में एक समूचा आदमी दीवार के नीचे खाई में लुढ़क आता है। गिरने के बाद वह ऊपर ताकता है और उठकर अपनी टाँगों की जाँच करता है। फिर बड़ी तेजी से दौड़ता है और युवा के पास आकर हाँफने लगता है।

"यहाँ सब ठीक तो है ?" वह चारों तरफ चौकन्ना होकर देखता है।

"ज्वान !" युवा खुश होता और 'हाँ' करता है।

ज्वान हाँफना बन्द करते हैं, "सुनो ! परेशानी की कोई बात नहीं। वे तीन तरफ से घिर गए हैं। अगर समझ से काम लो तो वे तुम्हारे निशाने पर हैं। अधिक-से-अधिक वे पीछे भाग सकते हैं—खेतों में, लेकिन हम उन्हें अपनी फसलें रौंदने का मौका नहीं देंगे। पहले से ही ग्वाले और किसान लाठियों के साथ खेत और नाले में छिपे बैठे हैं। हाँ, इतना ध्यान रखना कि फाटक या मडुआडीह के रास्ते इनकी मदद के लिए और पी.ए.सी. न आने पाए। इस समय तीन बज रहा है, तुम्हें अपना करतब दिखाने के लिए छह-सात घंटे मिल रहे हैं। समझा ?'

"तो इधर तुम लोग देखो, मैं चला।"

उधर ज्वान दीवार फाँदते हैं और इधर एक साथ सौ-डेढ़ सौ पत्थर के टुकड़े हवा में सनसना उठते हैं।

शाम ढल रही है।

लड़ाई चल रही है।

लड़ाई को चलते अभी चार-पाँच घंटे हुए हैं लेकिन यह दस बजे रात तक या सारी रात चल सकती है। यह इस बात पर निर्भर करता है कि पी.ए.सी. की क्या इच्छा है ? यूँ अब दीवार के पार से पी.ए.सी. के ढेले या पत्थर नहीं, आहें, कराहें और चीखें आ रही हैं। सारे जवान अपना हाथ या पैर या सिर या घुटना या बाँह पकड़े हुए सुस्त और बेदम पड़े हुए हैं। उनमें भागने तक की शक्ति नहीं रह गई है। वे भागें भी तो किधर जाएँ ?

सामने की सड़क और बरामदेवाली लम्बी सराय—जिसमें उन्होंने शरण ले रखी है—ईंट और पत्थरों से पट चुकी है, बल्कि यूँ कहिए कि वे ईंटों और पत्थरों के बीच ही बैठे या लेटे हैं लेकिन इतना साहस नहीं कि लड़कों को निशाना बना सकें। यदि वे जैसे-तैसे करके दो-चार ढेले फेंकते भी

हैं तो इधर से जवाब में बीस-तीस ढेले चलते हैं। सारे शहर के पुलिस चौकी और छावनी से उनका सम्पर्क कट गया है। कोई ऐसा नहीं जो फाटक तक जाए और अधिकारियों को उनकी हालत के बारे में सूचना दे सके।

लड़ाई के शुरू में ही कोई एक जवान किसी तरह से बचकर भाग निकला था। उसकी सूचना पर फाटक से दो बार लारियाँ इन घिरे जवानों की मदद के लिए चली थीं लेकिन दोनों बार छात्रों की ईंट-पत्थरों की बौछारों के कारण उन्हें लाचार होकर वापस लौट जाना पड़ा। इसी तरह एक बार मडुआडीह के रास्ते से भी पुलिस अधिकारियों ने कोशिश की थी लेकिन मैदान छोड़कर भाग खड़े होने के सिवा उनके सामने भी और चारा नहीं बचा।

इसी दौरान लड़कों को दो-तीन ऐसी खुश कर देनेवाली खबरें मिलती हैं कि वे नाच उठते हैं। लगा, उनके शरीर के भीतर सीने में दिल की जगह कहीं उछलती हुई गेंद है जो गले को फोड़ती हुई बाहर निकल आना चाहती है।

ये खबरें हैं—

—लहुराबीर के पास वहाँ के छात्रों ने पी.ए.सी. का रास्ता रोक रखा है और दो घंटे से उन्हें मार रहे हैं।

—कबीर चौरा के पास उधर के छात्रों ने पी.ए.सी. को उलझा रखा है।

—शहर में प्रायः हर गली और नुक्कड़ पर लड़के पी.ए.सी. से मोर्चा ले रहे हैं।

—सच कहो तो इतनी पी.ए.सी. ही नहीं है जो इनकी मदद के लिए आ सके।

और यहाँ लड़कों ने पी.ए.सी. के जवानों को बेमुरव्वत मारा है, किसी को साबुत नहीं रहने दिया है, किसी का भी हाथ-पैर अपनी जगह नहीं रहा है। उन्होंने पहली बार जवान कहे जानेवाले बहादुरों की चीखें सुनी हैं, कराहों का असहाय समर्पण देखा है लेकिन अब वे खुश नहीं रह गए

हैं। आरम्भ की खुशी धीरे-धीरे उन्हें अकेला और उदास करने लगी है, जैसे उनकी यह खुशी सिर्फ उनकी हो, उसका और कोई भागीदार न हो !

वे थक चुके हैं। आधे घंटे तक चुप रहकर अपनी-अपनी जगह इन्तजार करते हैं या कहिए कि आराम करते हैं। जब दीवार के पार से कोई कार्रवाई नहीं होती तो युवा घुटनों पर हाथ रखकर आहिस्ता-से उठता है और खाई में खड़े एक पेड़ की डाल पर बैठ जाता है। डाल हिलती है, फिर थिर हो जाती है।

अँधेरे में से स्यारों की आवाज़ें सुनाई पड़ने लगी हैं जिनके जवाब में बस्ती के कुत्ते भूँक रहे हैं।

ढेलेबाजी में सराय के अगल-बगल के खम्भों के बल्ब फूट गए हैं। इसलिए सराय एक अँधेरी खोह-जैसी लग रही है। हालाँकि कैम्पस की रोशनी सड़क तक जाकर खत्म हो गई है फिर भी झटके में बरामदे पर नजर डालने से ऐसा लगता है, जैसे किसी रेलवे स्टेशन का पार्सल घर हो, जिसमें बेतरतीब ढंग से छोटे-बड़े बंडल फेंक दिए गए हों ! लेकिन धीरे-धीरे आँख गड़ाकर देखने पर बरामदे के अन्दर से कूँथने, खाँसने और कराहने के साथ ही हाथ-पाँव हिलाने की हरकतें भी सुनाई पड़ रही हैं।

इसी समय अँधेरे के अन्दर से एक जलती-बुझती टॉर्च रोशनी का फव्वारा फेंकती हुई सराय की ओर चली आ रही दिखाई देती है।

युवा डाल से कूदकर खाई में आता है और एक साथी के साथ उस नीची दीवार की ओर बढ़ता है जहाँ कभी फाटक था। उसके हाथ में पी.ए.सी. से छीनी हुई एक लाठी है। दोनों उस लाठी के सहारे दीवार फाँदते हैं और एक टीले की आड़ में हो जाते हैं।

टॉर्च सराय के सामने आकर बुझ जाती है और एक-ब-एक उसी टीले पर—लड़कों के चेहरे पर गिरती है

और फिर 'ऑफ'।

"कौन ?" युवा आँखें मिचमिचाता है और दबी आवाज में पूछता है।

टॉर्च जवाब में एक क्षण के लिए उलटकर अपने चेहरे को दिखाती है और फिर 'ऑफ'।

लड़के ईंट-पत्थरों पर उढ़कते और रेंगते हुए टॉर्च के पास आते हैं। तीनों कुछ देर फुसफुसाकर बातें करते हैं, फिर सराय की सीढ़ी तक जाते हैं। एक खम्भे की ओट से टॉर्च की रोशनी फर्श पर एक सिरे से धीरे-धीरे दूसरे सिरे तक घूम जाती है...

अँधेरे में जालीदार टोपों के नीचे भय और आतंक से घूमती हुई आँखें। ये जरा देर के लिए चौंधियाती हैं, फिर पलकें उठती हैं और उठी रह जाती हैं—आत्म-समर्पण करनेवाले हाथों की तरह। कोई चीख नहीं, कराह नहीं, आवाज नहीं, खाँसी नहीं—एक सन्नाटा और उसमें दबी-दबी साँसें। पसीने में तर वर्दियाँ बदन से चिपक गई हैं और ठंड से कई के दाँत बज रहे हैं। उनमें से कोई न तो उठने का साहस करता है, न पकड़ने का। सारी आँखें मानो टॉर्च को घेरकर बैठ गई हों और आगे की प्रतीक्षा कर रही हों।

टॉर्चवाला आदमी जैसे ही एक सीढ़ी ऊपर चढ़ने को होता है कि उसका पैर किसी चीज में फँसता है और वह लड़खड़ाकर सीढ़ी के बगल में भहरा पड़ता है, मगर गिरते-गिरते फुर्ती से उछलता है और टॉर्च अपने पैर के पास जलाता है—सीढ़ी पर एक पुलिस का जवान है जिसका पूरा चेहरा खून से सनी धूल में लिपटा है। उसकी दाईं भौंह के ऊपर का पूरा माथा जैसे उड़ गया है और अन्दर से सफेद चौड़ी हड्डी झाँक रही है। उसकी लम्बी मूँछ का सिरा लहू में ऐंठकर अभी भी दाँतों के बीच में दबा है और कुछ बाल कटकर निचले ओठ और ठोढ़ी से चिपक गए हैं। वह बेहोशी में धीरे-धीरे कूँथ रहा है...

युवा का साथी जैसे ही उसे सीढ़ी के नीचे लिटाने के लिए झुकता है, युवा डपट उठता है, "ऐ गधे !"

साथी चौंककर तन जाता है।

युवा जवान की कमर के नीचे बूट समेत अपना पाँव घुसेड़ता है और नीचे उलट देता है।

जवान मुँह के बल लुढ़क जाता है।

"यह शुरुआत है। अपनी धरती को अपने ओठों से चूमने की शुरुआत।" युवा कहता है और वह अँधेरी खोह उनकी खिलखिलाहटों से भर जाती है।

"अच्छा, तो आप लोग चलिए ! जाइए यहाँ से !"

दोनों लड़के जैसे आए थे, वैसे ही चले जाते हैं।

टॉर्चवाला आदमी खड़ा रह जाता है। शायद कुछ कहना चाहता है लेकिन चुप रह जाता है।

"अच्छा।" वह टॉर्च की रोशनी ठंडे आकाश में फेंकता है—और 'ऑफ'।

शाम होते-होते 'छापामार' शब्द शहर में—शहर के हर घर और दुकान में अँगीठी की तरह गर्म हो रहा है। छात्रों ने अपनी लड़ाई की पद्धति से लोगों में सनसनीखेज आशा पैदा कर दी है। आखिर वे लड़के किसके हैं ? शहर में बाजार ही नहीं, सामान, सौदे और इमारतें ही नहीं, आदमी भी होते हैं और वे ही खास हैं। उन्हें लगा है कि ये लड़के-लौंडे, आवारे और लफंगे नहीं हैं। इनमें दम है और यह दम उनका संकल्प है। वे कुछ भी कर सकते हैं—अगर चाहें।

लोग खुश हैं।

उनकी जीभ हाथ की तरह लड़कों की पीठ थपथपा रही है।

उन्हें सड़क पर निकलने में सुख और गौरव का अनुभव होने लगा है।

'लड़के' और 'लड़ाई'—हालाँकि वे आम आदमी के सुख

और सुविधा, आराम और राहत के लिए नहीं लड़ रहे हैं, मगर—अपने हित के लिए ही सही—लड़ तो सकते हैं।

ऐसे ही आम आदमी की मुश्किलें आम आदमी की हैं, वे खुद क्यों नहीं लड़ते ? दूसरों को क्या पड़ी है जो उनके लिए शहीद होने आए ?

यह एक सबक है और यह सबक उन्हीं के लड़कों ने दिया है। आप ऐसे भी कहाँ जी रहे हैं ? अगर आप सचमुच जीने का अर्थ जानते हैं तो ! और जब आप नहीं जी रहे हैं तो क्यों न अपनी सन्तानों के लिए सबक की तरह मरें ? आप उदास हैं, हताश हैं, मगर बच्चे नहीं हैं। अगर आजादी ने बच्चे को बच्चा नहीं रहने दिया है तो हिन्दुस्तान में तीस साल की उम्र तो बुढ़ापे की उम्र है। और यह उम्र है जिसमें आपके सारे जोड़ ढीले पड़ने लगते हैं, दाँत झड़ जाते हैं, गाल गड्ढे हो जाते हैं और आँखें सिर्फ दूरी के नाम पर मौत देख पाती हैं। और अगर आपकी हालत यह है तो अपने बदन की सारी ढीली गाँठों को जोड़िए और तनकर खड़े हो जाइए।

पहले लोग पुलिस के जवानों को सड़कों पर देखकर भय और घृणा से मुँह फेर लेते थे लेकिन अब लोग जबरन उनकी ओर मुँह करेंगे और अपनी व्यंग्यपूर्ण मुस्कान से उन्हें चाबुक मारते हुए आगे बढ़ जाएँगे।

जी हाँ, कल से; कल की सुबह से !...

दूसरे दिन सुबह का अखबार।

विश्वविद्यालय अनिश्चित काल के लिए बन्द।

कक्षाएँ अनिश्चित काल के लिए स्थगित। कैम्पस में पी.ए.सी. की गश्त जारी। फाटक पर पुलिस का कब्जा। छात्र-छात्राओं को बारह घंटे के भीतर छात्रावासों को खाली करने का आदेश।

रात को छात्रावासों में घुसकर छात्रों की बेरहम पिटाई। लड़के अस्पताल ढोए जा रहे हैं। वार्ड भर गए हैं और अलग से वार्डों की व्यवस्था की जा रही है। खेमे और तम्बू गाड़े जा रहे हैं। किसी की घड़ी गायब है, किसी की साइकिल, किसी के पैसे और कपड़े-लत्ते। लड़कों की अटैचियाँ तक गायब हैं।

कर्फ्यू ने शहर का सारा यातायात ठप कर दिया है। कहीं रिक्शे नहीं नज़र आ रहे हैं। लड़के साइकिल से या पैदल भी कहीं नहीं निकल सकते। फिर भी हर हालत में

उन्हें छात्रावास खाली करना है। अपने थोड़े-बहुत सामान के साथ—सिर या पीठ पर अटैची या होलडाल लादे हुए वे जहाँ हो रहा है, वहीं भाग रहे हैं। वे बेतरह घबड़ाए हुए हैं। जिन लड़कों के नाम वारंट जारी है, वे लापता हैं।

फाटक के पास अधिकारी गाड़ियों, लारियों, ट्रकों और कारों के साथ खड़े हैं। वे कई खेप आ-जा चुके हैं और थके-थके से लग रहे हैं लेकिन चेहरे पर कोई शिकन नहीं है। कुलपति एक कुर्सी पर चुपचाप बैठे हुए हैं—दुखी और चिन्तित।

"कुलपति तुमसे क्या पूछ रहे थे ?" एक सज्जन दूसरे से पूछते हैं।

"कुछ खास नहीं, केवल नाम और विभाग !"

"गुरु, अब तो भए रीडर।"

दूसरे सज्जन मन-ही-मन मुस्कुराते हैं, "नहीं यार ! रीडर-वीडर नहीं, जानते ही हो कि मैं लोगों को केवल जरूरत के समय ही याद आता हूँ, मेरी जरूरत के समय लोग भूल जाते हैं, फिर भी...देखो।"

"हाँ, मैं तुम्हें थोड़े ही जानता हूँ ? बार-बार कुलपति के सामने जाना, उन्हें दिखा-दिखाकर गाड़ी पर सामान लदवाना...?"

कुलपति किसी बात के लिए खड़े होते हैं। उनके खड़े होते ही सारे अधिकारी उनके पास दौड़ते हैं। कुछ तो दौड़ते नहीं, सिर्फ खड़े हो जाते हैं। लेकिन अधिकारियों के पास पहुँचने के पहले ही कुलपति बैठ जाते हैं।

"यार ! इस काम के लिए तो अलग से एलाउंस भी मिलना चाहिए।" एक अधेड़ सज्जन दूसरे बूढ़े सज्जन से कहते हैं।

"अरे एलाउंस लेकर क्या करोगे ? अगली बार चीफ़ प्रॉक्टर तो हो ही रहे हो।"

"मज़ाक मत करो डॉक्टर।"

"मज़ाक ? अमाँ जितने लोग कुलपति की निगाह में हैं न, उनमें तुम टॉप पर आ गए हो।"

वे उदास हो जाते हैं फिर चिन्तित होकर कहते हैं, "भाई, टॉप पर तो हमेशा रहता हूँ लेकिन अपना दुर्भाग्य ! जब तक चीफ प्रॉक्टरी का मौका आता है, कमबख्त कुलपति ही बदल जाता है।

इधर बातें चल रही हैं, उधर लड़के आ रहे हैं।

खबर आती है कि आखिरी छात्रावासों से लड़के चल चुके हैं। लड़के क्या, लड़कों का काफिला। सिर या पीठ के बोझ से कमर दोहरी हो गई है। वे दस-बीस कदम चलने के बाद हाँफने लगते हैं, खड़े होते हैं और सामान पटक देते हैं। इस जाड़े में माथे का पसीना पोंछते हैं, फिर हिम्मत करते हैं। जिनके लिए एक फर्लांग पैदल चलना भी पहाड़ रहा है, वे...और आखिर दूसरा उपाय क्या है ?

लड़कों में कुछ की भारी दुर्गत हो रही है। उनके लिए सबसे तकलीफदेह और शर्मनाक है महिला महाविद्यालय का चौराहा। वे उर.के पहले सुस्ताते हैं और ताकत बटोरते हैं—फिर इस तुर्रे के साथ कि उनके ऊपर लदा सामान उनके लिए कुछ भी नहीं है, आगे बढ़ते हैं। जिनके पास नई और खूबसूरत और रंग-बिरंगी अटैची है, उनके लिए तो कोई बात नहीं, मगर जिनके पास टिन का बक्सा या पुरानी अटैची है, वे अपना मुँह अस्पताल की ओर किए चुपके से भीड़ में अपने को छिपाए हुए लपक ले रहे हैं।

और लड़कियाँ लड़कों की ओर से बेखबर हैं। चौराहे के बगल में उनकी बस खड़ी है। वे एक बार अटैची उठाने की कोशिश करती हैं कि—उई ! जैसे हाथ में फफोले पड़ जाते हैं, वे देर तक हाथ झटकती हैं, हथेली फूँकती हैं, चीखती हैं, चिल्लाती हैं, ठहाके मारती हैं, उठाती हैं, बैठती हैं—यह सब उन्हें अच्छा भी लगता है, बुरा भी लगता है। अगर अपने हाथ से अपना सामान न ढोना हो तो अच्छा ही लगता है।

सड़क के दोनों किनारे थोड़ी-थोड़ी दूरी पर पी.ए.सी. के जवान खड़े हैं—चुप, निर्विकार और तैयार।

बारह घंटे के बाद कैम्पस पूरी तरह खाली हो जाएगा। उसमें बने रहने की अनुमति सिर्फ पेड़ों, घासों, इमारतों, चिड़ियों और पुलिस को रहेगी। हाँ, अपने परिचय-पत्र के साथ अध्यापक को भी रहेगी—पढ़ाने की नहीं, हाजिरी देने की...।

इस पूरे दृश्य को देखकर हँसी नहीं आती, दुख भी नहीं होता; सिर्फ मन करता है कि यहाँ से अपने को हटा लें, कुछ देर के लिए देखना-सोचना स्थगित कर दें। जिन्दगी प्यारी चीज है और वह अगर राइफल की नोक पर आ जाए तो और भी प्यारी हो उठती है—जरूरी हो उठती है।

मैं छित्तूपुर के रास्ते जल्दी-से-जल्दी 'कैम्पस' छोड़ देने के लिए बेचैन हो उठता हूँ। नदी के किनारे-किनारे घर लौट आने में कोई खतरा न था। बस्ती के बगल से सीधे जौ और मटर के खेतों के बीच की मेंड़ पकड़ता हूँ जो आगे ईख के खेत के पास से निकलती है। मैं इधर-उधर देखकर एक ईख तोड़ता हूँ और चूसते हुए अपने को हलका करना चाहता हूँ।

चलते हुए थोड़ी दूर पर एक बरगद के पेड़ के नीचे धुआँ उठता दिखाई पड़ता है। मैं गौर करता हूँ, कोई आदमी होरहा भून रहा है। उससे अलग पेड़ के तने से सटकर कुछ लोग बैठे हैं। मुझे वे धुँधली-धुँधली सूरतें कुछ पहचानी लगती हैं।

बरगद का पेड़ खेतों की तुलना में ऊँचाई पर है और वे लोग तने की आड़ में हैं। खेत नीचे पड़ जाते हैं और उनके बीच से चलते हुए रह-रहकर उनकी झलक मिल जाती है। मैं ईख को डंडे की तरह फसलों के ऊपर भाँजते हुए एक अनजानी खुशी में—जैसे अभी-अभी सालों कैद में रहने के बाद रिहा हुआ हूँ—दौड़ पड़ता हूँ।

हम मटर का होरहा खा रहे हैं।

छित्तूपुर के किसी घर से युवा नमक, लहसुन, हरी मिर्च, अदरक और धनिया पिसवाकर ले आया है और सब लोग होरहा पर जी-जान से जुटे हैं। चूँकि कोई किसी से नहीं बोल रहा है इसलिए कड़ी या जली मटर के दाँतों के नीचे पड़पड़ाने के सिवा कुछ नहीं सुनाई पड़ रहा है। लोग मटर हथेली पर लेते हैं, रगड़ते हैं और फूँक मारकर खा जाते हैं।

सहसा आँखें फाड़कर ज्वान हर चेहरे को देखते हैं और जोर से हँसते हैं। उनकी हँसी सिवान में देर तक गूँजती रहती है, "भई, हद है। तुम लोग दुखी भी हो और...खाने में कोई कोर-कसर नहीं।" वे फिर हँसने लगते हैं।

मेरे, युवा और ज्वान के सिवा इस सहभोज में तीन और हैं जिनमें से दो को पहचानने में मुझे कोई दिक्कत नहीं होती—एक लाल साहब और दूसरा वह लड़का जिससे कभी

मैंने पूछा था कि आपकी ऐसी हालत क्यों है। तीसरी लड़की है—गोरी, खूबसूरत और तीखे नाक-नक्शवाली बीस-इक्कीस साल की, जिसे इसके पहले नहीं देखा था।

ज्वान हमारे बीच से उठते हैं; जिस ईख से होरहा भून रहे थे—उसे लेते हैं और थोड़ी दूर ईंट पर बैठकर चूसना शुरू करते हैं, "इसे पहचानते हो ?...नहीं पहचानते ?"

मैं न बोलता हूँ और न सिर उठाता हूँ।

"भड़को मत। यह हैं रेखा भादुड़ी। यहीं पढ़ती हैं; इससे ज्यादा न मैं जानता हूँ और न जानने की जरूरत समझता हूँ, क्यों लड़की ?" वे रेखा से पूछते हैं।

मेरे आने के बाद से ही लड़के चुप थे। उनकी चुप्पी का कारण मैं था या रेखा भादुड़ी या विश्वविद्यालय, पर पुलिस के कब्जे की चिन्ता या दिन-भर की भूख—मैं ठीक से समझ नहीं पा रहा था। वे बगैर बोले या इधर-उधर ताके खाए चले जा रहे थे।

ज्वान ईख का गुल्ला काटते हुए कहते हैं, "तो बच्चू। यह एक लड़की है। ऐसी लड़की जिसे अपने लड़की होने का नहीं, समझ का गुमान हो। देख रहे हो, किस आत्मविश्वास के साथ जंगल में बैठी है...इसके हाथ तो देखो ! हथेलियों के घट्ठे देख रहे हो न ? और सबसे बड़ी बात यह है कि यह गाना या गुनगुनाना नहीं जानती है !"

वे रुक जाते हैं और मेरे लिए बोलने का मौका देते हैं। फिर कुछ देर बाद खुद ही कहते हैं, "हाँ, एक बात है। जिस दिन यह किसी लड़के से प्रेम करेगी, सीधे मेरे पास आएगी और बोलेगी—ज्वान, लो, सँभालो अपनी क्रान्ति, अब मैं चली।"

ज्वान के कहने के साथ ही हम सारे लोग एकसाथ हँस पड़ते हैं और बोझिल माहौल हलका हो उठता है।

"हाँ, यह नहीं कि दौड़ी-दौड़ी एस.पी. और कोतवाल के पास जाए और कहे कि अमुक छात्रावास के अमुक कमरे

में नेता मीटिंग कर रहे हैं, जल्दी चलो। छापा मारो और विश्वविद्यालय पर कब्जा कर लो, क्यों लड़की ?"

ज्ञान का व्यंग्य कहाँ है, इसे समझने में हमें दिक्कत नहीं होती। मैं इस विषय में कुछ न बोलकर रेखा भादुड़ी को देखता हूँ—देखता रहता हूँ जो बगैर किसी झिझक या संकोच के अपने बारे में कही जानेवाली बातों को सुनती जा रही है। उसके चेहरे पर निर्विकार दृढ़ता है जो यूँ ही नहीं पैदा होती।

"मैं समझती हूँ, किसी के बारे में इस भरोसे के साथ कुछ भी कहना फिजूल है।" रेखा बड़े ही सघन स्वर में ज्ञान का प्रतिवाद करती है।

"ऐ बच्ची, इधर देख !" ज्ञान की आवाज बदल जाती है और वे गुस्से में ईख पटकते हैं, "मैं पहली मुलाकात में ही लोगों की आँखों में हाथ डालकर सारे पिस्सुओं समेत चूहे की तरह उनकी आत्मा को बाहर निकाल लेता हूँ और देखता हूँ कि उसके जीवित रहने की कितनी गुंजाइश है...अगर नहीं रहती तो उसके मर जाने में ही उसका भला समझता हूँ और उसे हाथ लगाना पसन्द नहीं करता।"

रेखा हमारी ओर देखकर मुस्कुराती है, "यानी लो, सुनो !"

"हाँ-हाँ, देख रहा हूँ, समझती है, बकवादी हूँ मैं ! मैं तुममें से हर एक को, तुम्हारे भीतर के पिस्सुओं को भी जानता हूँ लेकिन हाँ, मैं आदमी पर—उसकी शक्ति पर कभी अविश्वास नहीं करता। मैं जानता हूँ कि तुममें से कोई भी ऐसा नहीं है जिसे गरीब कहा जा सके—मगर यह खास बात नहीं है, खास बात है गरीबी की समझ। और इसी समझ के भीतर से कोई चीज जन्म लेती है। और जब तक आप लोगों में यह समझ है और अपने अन्दर के पिस्सुओं से लड़ते रहने का माद्दा है तभी तक हम एक-दूसरे के साथ

है वरना..."

ज्वान सहसा चुप हो जाते हैं और माहौल फिर ठस हो उठता है।

हवा खेतों पर सरसरा रही है। सूरज पर बादल का कोई टुकड़ा आ गया है और एक तरफ के खेतों पर छाया फैल गई है। हम उठते हैं और कुएँ के दूसरी ओर से पौदर में अपने हाथ धोते हैं, फिर आकर एक साफ-सुथरी जगह पर बैठ जाते हैं। ज्वान फिर गुल्ला काट रहे हैं।

"अच्छा, यह सब तो ठीक है, मगर ज्वान ! यह बोलो कि अब विश्वविद्यालय का क्या होगा ? हमारे सारे किए-कराए पर तो पानी फिर गया।" युवा चिन्तित स्वर में पूछता है।

"राजू, पानी तो फिरना ही था। तुम्हारे पास जबान है और उनके पास राइफल हैं। और ऐसे भी तुम्हें अपनी आवाज आसमान तक पहुँचानी थी–लड़ाई तो करनी नहीं थी। यह भी जानते थे कि आसमान से गोले और गोलियाँ बरसती हैं। सो, असल चीज थी वह प्रक्रिया जिससे तुम गुजरे हो। अगर उससे तुम्हें कुछ हासिल हुआ हो तो वही खास चीज है।"

ईख आकर हाथ-भर रह गई है और ज्वान बैठे-बैठे जैसे उससे गिल्ली खेलने लगे हैं। वे सामने पड़े हुए ईख के छिलकों और छोटी-छोटी लकड़ियों के सिरे पर मारते हैं और उसके उछलने के बाद बाएँ-दाएँ उड़ाते जा रहे हैं।

"हाँ, तुम लोग उस रोज बड़े खुश थे कि नरिया-गेट की शाम हमारी विजय की शाम थी और बेशक थी। लेकिन एक बात तुम्हें हमेशा याद रखनी चाहिए कि वह अकेले तुम्हारी लड़ाई नहीं थी। उसमें मेहतर भी थे, उनकी औरतें भी थीं, लड़कियाँ भी थीं। सुन्दरपुर के ग्वाले और किसान भी थे। लेकिन सच पूछो तो लड़ाई का सही ढंग यही है। अपने साथ उन्हें भी लो जो तुम्हारी जमीन हैं, जिस पर तुम खड़े होते हो; जो तुम्हें शक्ति, साहस और समझ देते हैं।

"तो राजू, अपने बबुआनों को समझाओ कि बेटा! अकेले लड़ोगे, मारे जाओगे—'जुबली पार्क' की मार की तरह! इसलिए ऐसी लड़ाई के लिए जरूरी है कि जो सवाल चुनो, वह सिर्फ तुम्हारा न हो। वह तुम्हारे भाई से भी जुड़ा हो, चाचा से भी, पिता से भी—उनसे भी जो तुम्हारे मन और शरीर की भीतरी पीड़ा से परिचित हों।"

ज्वान उठकर टहलने लगते हैं। उन्होंने ईख फेंक दी है और हाथों की उँगलियाँ एक-दूसरे में फँसा ली हैं। उनकी चौड़ी पीठ पर एक चींटा चढ़ने की कोशिश कर रहा है और अब कन्धे की ओर रेंग रहा है। वे घूमते हैं और बरगद के तने पर धीरे-धीरे घूसा मारते हुए बोलते हैं, "एक बात मेरी समझ में नहीं आती और मुझे हमेशा मथती रहती है। जिस समय लड़के आन्दोलन करते हैं, दूसरे तमाशा देखते हैं; अध्यापक करते हैं, लड़के तमाशा देखते हैं; फैक्टरियों और मिलों के मजदूर करते हैं, ये दोनों चुप रहते हैं; किसान करते हैं, सब मजा लेते हैं। नतीजा यह होता है कि सारे लोग मार-मारकर पटरा कर दिए जाते हैं और कहीं कुछ नहीं होता।..."

लाल और युवा अधखुली आँखों से सामने ताकते हुए बीड़ी पी रहे हैं और रेखा दूर पड़े हँड़िया के फूटन पर ढेले मार रही है। वह ज्वान की बात खत्म होते-होते रुक जाती है, "कहना क्या चाहते हैं आप!"

ज्वान उसकी बात नहीं सुनते। कुछ देर खड़े होकर सोचते रहते हैं, फिर उनकी आँखें चमक उठती हैं, "क्या ये बारी-बारी से होनेवाले आन्दोलन एक साथ नहीं हो सकते—एक ही साथ और एक ही बात के लिए?"

मैं कँगूरे के पास से उठता हूँ और काई लगे स्याह बारजे पर आकर बैठ जाता हूँ।

मेरे पाँवों की आहट पाकर एक फाख्ता उड़ता है और पाँखें फड़फड़ाता हुआ दूसरे कँगूरे की ओर चल देता है। लेकिन बीच में ही वह छत पर उतर जाता है और अपनी गरदन मटकाने लगता है।

मैं यहाँ सालों बाद आया हूँ। जब पढ़ता था, तब आता था। आज आठ साल हो गए हैं। उन दिनों मेरा एक दोस्त था—जाफ़री-जाफ़री करके। बड़ा खूबसूरत और प्यारा और चुप। बहुत अच्छा गाता था। 'अच्छा' इसलिए कि सिर्फ गले से नहीं, दिल से भी गाता था। डूबकर; शब्दों में भीतर का सारा दर्द उड़ेलकर। कभी-कभी तो मेरी आँखों से आँसू तक निकल आते थे। गा लेने के बाद वह बुत की तरह पड़ जाता था—झुका सिर, बन्द पलकें। हममें से कोई नहीं बोलता था। बेवकूफी के दिन थे वे। सच कहूँ कि उन दिनों

जिस लड़की को प्यार करता था, वह पढ़ाई छोड़कर अपने पिता के साथ दूसरे शहर चली गई थी। मैं नहीं जानता कि जाफ़री भी कुछ करता था या नहीं लेकिन इस छत पर—और यहीं जहाँ मैं बैठा हूँ—आकर वह केवल एक गाना गाता था—बड़े भारी, गहरे और उदास स्वर में, 'रोऊँ मैं सागर के किनारे, सागर हँसी उड़ाए' !

वह और भी गाने गाता था लेकिन इस छत पर केवल यही एक गाना !

और फिर मेरी आँखों के बिलकुल पास से एक सागर शुरू होता था और रफ्तः-रफ्तः सामने की सारी इमारतों, पेड़ों, खम्भों, सड़कों, घासों और मैदानों को डुबोता हुआ अछोर तक फैल जाता था। ऊँची-ऊँची लहरें उठने लगती थीं, आसमान झुक आता था, सूरज डूब रहा होता था और धुँधलके में से एक हिलता-डुलता जहाज धीरे-धीरे आँखों से ओझल होता चला जाता था... ।

लगता था, मैं चट्टान पर बैठा हूँ—एकदम अकेले और लहरें मेरे पैरों पर लोट रही हैं...मेरी आँखें छलछला आती थीं और मैं लहरों को ठोकर मार देता था—बड़ी बेमुरव्वती के साथ।

तब से आज आठ साल हो रहे हैं। मैं मुस्कुराता हूँ और गुनगुनाने की कोशिश करता हूँ—'सागर हँसी उड़ाए' ! यह तो गुनगुनाना नहीं, गाने को बिराना हुआ।

मैं चुप होकर सिगरेट जलाता हूँ। मेरी आँखें सड़क पर जली हुई खड़ी बस पर पड़ती हैं। उधर से सिर मोड़ता हूँ तो निगाहें उस पेड़ पर जाती हैं जिसकी पत्तियाँ झुलस गई हैं और डालें कोयला हो गई हैं; फिर वहाँ से नगर-निकाय के बगलवाली इमारत पर, जो बीच से फट गई है और धुएँ से खिड़कियाँ काली पड़ गई हैं...फिर वहाँ से सड़कों और छात्रावासों पर—चारों तरफ सन्नाटा, झनझनाता हुआ सन्नाटा। सन्नाटे को गश्त लगाती पुलिस-टुकड़ियों के फौजी बूट रौंद रहे हैं, कुचल रहे हैं... ।

सहसा मुझे अपने पीछे बूटों की आवाज सुनाई पड़ती है। मैं घूमता हूँ—जालियों के नीचे लोहे के टोप, खाकी वर्दी की कड़कड़ और कन्धे पर लटकी राइफलें...!

"कौन हो तुम ?

यहाँ क्या कर रहे हो ?

क्या नाम है तुम्हारा ?

क्या करते हो विश्वविद्यालय में ?

तुम्हारा परिचय-पत्र कहाँ है ?"

एकसाथ इतने सारे सवाल। खैर, यह कोई बात नहीं थी, खास बात थी 'तुम'। मैं विश्वविद्यालय की सबसे अधिक ऊँचाई पर था—कला-संकाय की तीसरी मंजिल पर। सारी इमारतें और सारे लोग मेरे पैरों के नीचे थे। पाँच मील के घेरे में पाँच साल के भीतर कभी किसी ने 'तुम' नहीं कहा था—वह भी इतनी हिकारत से। एक सम्मानित अध्यापक जो था। और इन सवालों ने अचानक मुझे तीसरी

मंजिल से सड़क पर फेंककर अपने बूटों के नीचे कर दिया था।

"अरे, बोलता क्यों नहीं ?" गलमुच्छोंवाला जवान डपट उठता है।

मैं चुपचाप खड़ा हो जाता हूँ।

"ज़रा देखो, बम-वम तो नहीं रखे हैं !"

मेरे कुछ बोलने के पहले ही एक सिपाही मेरी तलाशी लेनी शुरू करता है—ऊपर-नीचे, आगे-पीछे। जेबों के सारे कागज-पत्र निकाल लिए जाते हैं। उनके साथ ही एक रुपए का नोट और रेजगारियाँ भी। वह नोट को उलट-पुलटकर देखता है कि इस पर कुछ लिखा है या नहीं। फिर मुझे आगे झोंक देता है, "चलो, नीचे उतरो।"

मैं अपने को सँभालता हूँ और कपड़े ठीक करता हूँ, "मैं यहाँ पढ़ाता हूँ—प्रोफेसर हूँ।"

"हम यह सब नहीं जानते। पहले नीचे चलो।"

"यकीन कीजिए, प्रोफेसर हूँ मैं।" मैं फिर नरमी के साथ निवेदन के स्वर में कहता हूँ—'प्रोफेसर' शब्द के प्रत्येक हर्फ पर जोर देकर।

"जबान मत लड़ाओ, जहाँ कहते हैं, वहाँ चलो।" वह लगभग चिल्लाते हुए कहता है, जैसे बकवास सुनना उसकी बर्दाश्त के बाहर है। मैं मुस्कुरा देता हूँ—शायद ऐसी मुस्कुराहट कि कोई देखे तो मेरे मुँह पर थूक दे। झेंप और शर्म और ग्लानि और अपमान और क्षोभ और गुस्सा—इन सबका और इन-जैसी ढेर सारी चीजों का घोल वह मुस्कान रही होगी। जब पीछे से एक ने चलने के लिए मेरे पैर में ठोकर मारी तो मेरा पूरा शरीर थरथरा उठा—उस चोट से नहीं जो पाँव में लगी थी, बल्कि एक ऐसी चोट से जिसका घाव और दर्द आज भी बना है और जिसे मैं सही-सही लिख नहीं सकता। मैं जिस समय मुड़ा, मैंने अपनी पुतलियों पर पलकें गिराईं और बूँदों को आहिस्ता-से ढुलक जाने दिया।

धुन्ध को साफ करने के लिए यह जरूरी था।

मैं सिर झुकाए आगे बढ़ता हूँ।

ठक्-ठक् ! वे मेरे अगल-बगल और आगे-पीछे चलते हैं।

सीढ़ियों से उतरकर जब मैं बिचली मंजिल पर आता हूँ तो रुक जाता हूँ।

"किधर ?" मैं पूछता हूँ।

"परिचय-पत्र है तुम्हारे पास ?" गलमुच्छोंवाला जवान फिर पूछता है। अबकी उसका स्वर जरा-सा बदला हुआ है।

"नहीं !"

"सचमुच पढ़ाते हो ?"

"किधर चलना है ?" मेरी आवाज सहज है।

"यहाँ कोई है जो बता सके कि प्रोफेसर हो ?"

"मुझे किधर चलना है ?" मैं थोड़ी ऊँची अवाज में पूछता हूँ।

वह घूरकर मुझे देखता है और संकाय के दफ्तर की ओर ले चलता है।

तो मुझे क्लर्क प्रमाणित करेंगे कि मैं पढ़ाता हूँ ? चलते समय अचानक मेरा दिमाग झनझना उठता है। अभी तक तो गनीमत थी लेकिन अपमान...यह विचार इसलिए भी आया कि क्लर्क मुझे जानते भले रहे हों, पहचानते नहीं थे। और मैं न तो उनके बीच तमाशा बनना चाहता था और न उन्हें यह गौरव ही देना चाहता था।

"खबरदार ! अगर दफ्तर में घुसे।" मैं कमरा नं. अड़तालीस के आगे अड़कर खड़ा हो जाता हूँ, "और सुनो, बाकी यहीं रहो, तुममें से कोई एक मेरे साथ चलो।"

यह पहला मौका था जबकि मेरी बात का उन पर असर पड़ा।

गलमुच्छोंवाला जवान मेरे पीछे हो लेता है। मैं सीधे संकाय-अधिष्ठाता के कमरे में घुसता हूँ। अगर मेरे साथ यह जवान न होता तो शायद चपरासी मुझे अन्दर जाने से

रोक देता।

अधिष्ठाता किसी फाइल में डूबे हैं। वे मुझे तो नहीं, राइफलधारी जवान को देखकर अचकचाते हैं लेकिन अपनी घबराहट को छिपाने के लिए पन्ने पलटने लगते हैं। फिर फाइल चौड़ी मेज पर पटकते हैं और नाक पर सरक आए चश्मे को ऊपर करते हुए बारी-बारी हमें देखते हैं।

"इन्हें प्रमाण चाहिए कि मैं आपके संकाय में अध्यापक हूँ।"

"तो मैं क्या कर सकता हूँ ?"

"यही कहिए कि मैं आपके यहाँ पढ़ाता हूँ या नहीं ?"

"अच्छा, अच्छा !"

वे बेसब्री में कह तो जाते हैं लेकिन इस 'अच्छा-अच्छा' का मतलब नहीं समझते। वे एक बार सिर झुकाकर सोचते हैं, फिर चोरी-चोरी मुझे कुछ देर तौलते रहते हैं, जैसे कह रहे हों कि मैं थोड़ा-थोड़ा तो पहचान रहा हूँ लेकिन ठीक से याद नहीं आ रहा है।

"तो, आप तो समाजशास्त्र में हैं ?" वे सिर में उँगलियाँ फँसाते हैं।

"जी नहीं, हिन्दी में !"

"अरे वाह ! यह तो और अच्छी बात है, तो हिन्दी में हैं आप ! इसके अध्यक्ष तो..." वे चुप रहकर मेरे बोलने का इन्तजार करते हैं।

"शर्माजी हैं !"

"हाँ-हाँ, शर्माजी हैं—शर्माजी।" वे सिर हिलाते हैं, "हाँ, तो भई, ठीक है। अब जाओ, हमारे ही संकाय के हैं आप !...और मास्टर साहब, आप खड़े क्यों हैं ? बैठ जाइए ! बैठ जाइए !..."

शायद अधिष्ठाता—हिदायत देने के लिए या झेंप मिटाने के लिए या घटना की जानकारी के लिए—मुझे रोकना चाहते थे लेकिन मैं चल देता हूँ। हालाँकि इस दौरान मेरी टाँगें